Guide Solo VR

Ouest américain

Un aller-retour de
**Montréal à
San Diego,
Californie,**
en 41 étapes

Le *Guide SoloVR Ouest américain* est une publication de la maison d'édition Communications Camping Caravaning.

Recherche et rédaction
Muriel Renaud

Révision
Hélène Morin

Réalisation graphique et tracé des étapes
Graphomax

Cartographie
© Point-de-vue cartographie inc.

Impression
Le Groupe Communimédia

Photographies des pages de couverture
Pavel Muron ; M. Delorme

Remerciements
Claude Côté

Données de catalogage avant publication
© FQCC – Communications Camping Caravaning
Tous droits réservés
Bibliothèque nationale du Canada 2009
Dépôt légal
Bibliothèque nationale du Québec
Dépôt légal – 4ᵉ trimestre 2009
ISBN : 978-2-920457-10-2

Reproduction interdite

1560, rue Eiffel, bureau 100
Boucherville (Québec) J4B 5Y1
www.fqcc.ca

LES 41 ÉTAPES DE L'ITINÉRAIRE

SOMMAIRE

Née de l'expérience de grands voyageurs, la collection des *Guides SoloVR* s'inspire des circuits-caravanes organisés par la Fédération québécoise de camping et de caravaning.

Les *Guides SoloVR* apportent une aide simple et pratique aux caravaniers dans la préparation de leurs voyages en solitaire.

Le **Guide SoloVR Ouest américain** propose un voyage aller-retour de Montréal à San Diego en 13 469 km ou 41 étapes.

L'itinéraire recommandé part de Montréal et traverse le Canada pour se rendre vers la côte du Pacifique. Le circuit détaillé – plus de 4 000 km – part d'Oliver, en Colombie-Britannique, vers les états de Washington et de l'Oregon, continue vers San Francisco, Los Angeles et San Diego en Californie. D'étape en étape, il vous conduit à Las Vegas et finalement à Moab dans l'Utah, à la découverte des canyons. Le trajet de retour se poursuit à travers les États-Unis en direction de Montréal. Et la boucle est fermée !

À chacune des étapes dans les terrains de camping recommandés, les informations suivantes sont fournies : route à suivre, plan d'accès au camping, conseils pour préparer le voyage, attractions et visites à ne pas manquer autant en cours de route qu'une fois parvenu à destination.

L'ensemble des conseils, suggestions et recommandations est fourni au mieux de notre expérience en circuit-caravane et des recherches dans la documentation touristique disponible. Le caravanier pourra toujours l'ajuster selon ses intérêts. Les données fournies par un GPS et les recherches individuelles sur le Web peuvent en effet transformer la façon dont chacun décide de son itinéraire. Voyager en solo ne donne-t-il pas une plus grande latitude au voyageur ?

Bonne route à tous, soyez prudents et surtout, faites de belles découvertes !

14 ÉTAPE

De : *Oliver, Colombie-Britannique*
À : *Leavenworth, Washington*
Distance : *281 km*

DÉPART

Le kilométrage fourni pour l'étape correspond à la distance approximative d'un terrain de camping à l'autre.

ARRIVÉE

TRAJET ROUTIER

En quittant le camping Desert Gem RV Resort, tournez à gauche en direction sud sur la Hwy 97. Faites 23,5 km (14,6 mi) pour vous rendre jusqu'aux douanes américaines. Vous entrez aux États-Unis par l'état de Washington. Continuez sur la US97. Faites 223 km (138,6 mi) jusqu'à Leavenworth.

Après la ville de Leavenworth, tournez à gauche sur Icicle Rd. Faites 4,9 km. Tournez à gauche pour l'accès au camping ICICLE RIVER RV RESORT.

Quelques conseils pour bien préparer votre voyage

POUR PRÉPARER VOTRE VOYAGE

Bienvenue dans l'état de Washington, the Evergreen State !

Laissez-vous séduire par la beauté et la variété de l'état de Washington : ses îles charmantes, ses volcans imposants, ses forêts pleines de mystère, ses vins d'excellente qualité, ses villes animées et ses sentiers dans l'arrière-pays.

Washington State Tourism
T : 1 800 544-1800
www.experiencewa.com

Nos suggestions de visites en cours de route

Descriptif, situation et coordonnées

T : téléphone
F : télécopieur

EN COURS DE ROUTE

WINTHROP/OKANOGAN

Venez découvrir Winthrop, ville western, et ses nombreuses possibilités de randonnées. Avec plus de 1600 km de chemins et plus d'un million d'hectares de terrains accessibles au public, les loisirs de plein air et l'observation de la faune y sont spectaculaires. Cherchez les cerfs, les aigles d'Amérique, les chèvres chamoisées, les ours noirs, les couguars et bien plus encore dans ce pays sauvage.
T : 509 826-4218
www.OkanoganCountry.com
www.WinthropWashington.com

ÉTAPE **14**

ACCÈS AU CAMPING RECOMMANDÉ

Leavenworth

Icicle Rd

Wilson St

E Leavenworth Rd

Shore Rd

Mountain Home Rd

Prowell St

Wenatchee National Forest

Fish Hatchery Rd

0 km   0.5   1   1.5   2

Icicle River RV Resort

| | Terrain de camping recommandé. Votre destination à la fin de l'étape. |

| | Coordonnées GPS |

| | Les adresses civiques et postales peuvent être différentes. |

| | Tarif |

| | Période d'ouverture |

| | Services offerts et nombre d'emplacements sur le site |

ICICLE RIVER RV RESORT

GPS N 47 33 0 N; W 120 41 15 ou 47.5494 N 120.68694 W

7305 Icicle Road
Leavenworth, WA 98826

De 30 $US à 42 $US
Ouvert du 1er avril au 21 octobre
115 emplacements : 102 avec 3 services, 13 avec 2 services
Animaux bienvenus

T : 509 548-5420
information@icicleriverrv.com
www.icicleriverrv.com

À PARTIR DU CAMPING

LEAVENWORTH
Ici, l'architecture est typiquement allemande, les paysages montagneux sont spectaculaires et l'hospitalité est chaleureuse. De l'art, des loisirs renommés, des restaurants variés.

Visitor Information Center
T : 509 548-5807
www.leavenworth.org

National Fish Hatchery
Élevage de saumons – près de 2 millions par année !
À 3,2 km (2 mi) au sud sur Icicle Rd.
T : 509 548-7641

Bonjour,

je suis

votre

guide !

| | 3 services =
 (eau) +
 (électricité) +
 (station de vidange) |

| | 2 services =
 (eau) +
 (électricité) |

| | 1 service =
 (station de vidange) |

| | Accès animaux (Il est toujours recommandé de valider auprès de l'exploitant du terrain de camping.) |

Nos suggestions de visites à partir du camping

Les établissements ou lieux cités (musées, parcs…) sont souvent ceux qui ont reçu nos groupes en circuit-caravane. Les réservations sont recommandées.

Les terrains de camping

Les terrains de camping recommandés dans ce circuit sont généralement ceux que nous utilisons pour les circuits-caravanes. C'est parce qu'ils peuvent offrir un service de qualité à ces groupes que nous vous les conseillons. Toutes les indications et caractéristiques (prix, services, etc.) sont fournies à titre indicatif et au mieux de nos connaissances au moment où nous avons rédigé ce guide.

Les douanes

Pour obtenir des précisions sur ce que vous pouvez emporter aux États-Unis ou rapporter au Canada, nous vous conseillons de vous adresser directement aux organismes officiels. Selon les informations disponibles actuellement, l'interdiction imposée par les États-Unis sur certains types de fruits et légumes frais s'étend à certains types de viande. L'omission de déclarer les produits alimentaires peut aboutir à 10 000 $ d'amende. Il appartient au voyageur de vérifier ces règles avant de passer aux douanes. Déclarez toujours tous les produits périssables de consommation quand vous passez la frontière. Les douanes canadiennes, elles aussi, sont sévères !

Douanes américaines
T : 514 636-3875
Liste des produits interdits :
www.cbp.gov/xp/cgov/travel/vacation/kbyg/prohibited_restricted.xml

Restrictions aux frontières canadiennes
T : 1 800 442-2342

Agence canadienne d'inspection des aliments
www.inspection.gc.ca.

Agriculture et agroalimentaire Canada
T : 514 631-7083

Adresses utiles

Pour organiser vos visites à l'aller, commandez la documentation touristique ou consultez les sites Internet.

Ontario Tourism Marketing Partnership Corporation
www.ontariotravel.net

Travel Manitoba
www.travelmanitoba.com

Tourism Saskatchewan
www.sasktourism.com

Travel Alberta
www.discoveralberta.com

Tourism British Columbia
www.tourisme-cb.com

De : Montréal, Québec
À : Cantley, Québec
Distance : 236 km

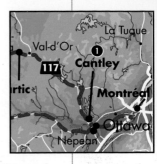

TRAJET ROUTIER
À Montréal, prenez l'autoroute A-40 Ouest (Métropolitain), puis la A-15 Nord. Sur la 15, prenez la sortie 35 et suivez les indications pour la route 148/50 Ouest, direction Lachute, Montebello et Papineauville. Sur la 50, à environ 200 km de votre point de départ, prenez la sortie 138 (rue Saint-Louis). Tournez à droite (sud-ouest) sur la route 307 (rue Saint-Louis). Continuez tout droit sur la route 307 (montée de la Source) sur 15 km.

À l'approche de Cantley, tournez à droite (est) sur le chemin Sainte-Élisabeth (1,7 km), puis encore à droite sur la route locale. Vous êtes rendu à destination au CAMPING CANTLEY.

CAMPING CANTLEY
GPS 45 33 53.18 – 75 45 55.37

100, chemin Sainte-Élisabeth
Cantley QC   J8V 3G4

De 25 $ à 37 $
Ouvert du 15 mai au 15 septembre
299 emplacements : 240 avec 3 services, 59 avec 2 services
Animaux autorisés

T : 819 827-1056
F : 819 827-9933
info@campingcantley.com
www.cantley.net/tourisme/camping/menu.htm

Nous avons voulu vous faciliter la route vers le Pacifique. Suivez mes indications, elles sont toutes simples.

De : *Cantley, Québec*
À : *Malartic, Québec*
Distance : *438 km*

TRAJET ROUTIER

Au départ du Camping Cantley, tournez à gauche (ouest) sur le chemin Sainte-Élisabeth (1,7 km). Tournez à droite (nord) sur la route 307, (montée de la Source, route Principale, sur 7 km). Tournez à gauche (ouest) sur la 366, chemin de La Pêche et faites 1,7 km; prenez le chemin Edelweiss sur 10 km. Tournez à gauche (sud) sur la 105 (chemin Reverside), faites 2 km ; tournez à droite (ouest) sur la 105 (chemin Valley), et faites 1,2 km; tournez à droite (nord-ouest) sur la 105. Après 1,2 km, le nom de la route change pour A-5 parcourez 2,5 km. Suivez la direction route 366, route 105 N, Val-des-Monts, Maniwaki et faites 125 km. À Grand-Remous, tournez à gauche sur la 117 N (nord-ouest) et faites 250 km ; à Val-d'Or, prenez la route de contournement (117) sur 8 km, vers Rouyn-Noranda. Au bout de la boucle de contournement, tournez à droite sur la 3e Avenue Ouest et poursuivez sur 23 km.

*À la sortie de Malartic, surveillez les indications à droite pour le **CAMPING RÉGIONAL DE MALARTIC.***

 CAMPING RÉGIONAL DE MALARCTIC

GPS **48 08 45.50 – 78 07 30.10**

101, chemin du Camping-Régional
Adresse postale : C.P. 3090, Malartic QC J0Y 1Z0

De 21 $ à 29 $
Ouvert du 1er juin au 10 septembre
229 emplacements : 184 avec 3 services
Animaux autorisés

T : 819 757-4237
T hors saison : 819 737-3611
F : 819 757-3689
www.campingmalartic.com

De : Malartic, Québec
À : Moonbeam, Ontario
Distance : 413 km

TRAJET ROUTIER
En sortant du camping régional de Malartic, tournez
à droite sur la 117 Nord. Suivez la route 117 sur 70 km,
jusqu'à la route 101 à la sortie de Rouyn-Noranda.
Tournez à gauche sur la 101. À la frontière de
l'Ontario, elle change de numéro pour devenir TC11.
Faites encore 290 km sur cette route.

*À Moonbeam, à la sortie du village, prendre la 581 Nord à
droite. Le TWIN LAKE CAMPING est à environ 2 km.*

TWIN LAKE CAMPING
GPS 49 21 27.36 – 82 08 34.78

35, route 581
Moonbeam ON P0L 1X0

De 28 $ à 32 $
Ouvert du 15 mai au 15 septembre
35 emplacements : 25 avec 3 services, 10 avec 2 services
Animaux autorisés
T : 705 367-9000
F : 705 367-2482
raguille@onlink.net et **twinlakecamping@ntl.sympatico.ca**
www.twinlakecamping.com

*Ici, jadis,
les rivières
tenaient lieu
de voies de
transport des
pelleteries vers
Montréal.*

De : *Moonbeam, Ontario*
À : *Thunder Bay, Ontario*
Distance : *617 km*

TRAJET ROUTIER
Au départ de Moonbeam, faites 4,6 km sur la route 581 pour reprendre la route TC11, direction ouest. Vous ferez plus de 600 km sur cette route.

Au croisement de la route 527 (Spruce River Rd.), tournez à gauche. Poursuivez sur 0,5 km avant d'arriver au camping. Suivez les indications du KOA THUNDER BAY.

KOA THUNDER BAY
GPS **48 29 49.99 – 89 08 05.37**

162 Spruce River Rd.
Adresse postale : 182 Lakeshore Drive
Thunder Bay ON P7B 5E4

De 33 $ à 45 $
Ouvert du 15 avril au 15 octobre
150 emplacements avec 3 services
Animaux autorisés

T : 807 683-6221
T réservations : 1 800 562-4162
F : 807 683-6222
tbaykoa@tbaytel.net
www.koa.com/wher/on/55120

De : Thunder Bay, Ontario
À : Kenora, Ontario
Distance : 488 km

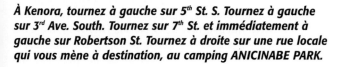

TRAJET ROUTIER

Au départ du camping KOA, retournez aux routes 11 et 17 et tournez à gauche. Au centre-ville de Thunder Bay, suivez les indications de la route 11 (ou 17) vers Kenora. Poursuivez toujours sur les routes 11 et 17 jusqu'à ce qu'elles se séparent. Prenez la 17 en direction de Kenora. La route 17 porte maintenant le nom de Great River Rd. Faites environ 486 km sur cette route.

À Kenora, tournez à gauche sur 5th St. S. Tournez à gauche sur 3rd Ave. South. Tournez sur 7th St. et immédiatement à gauche sur Robertson St. Tournez à droite sur une rue locale qui vous mène à destination, au camping ANICINABE PARK.

ANICINABE PARK

GPS 49 44 56.11 – 94 28 28.91

Mikana Way and Golf Course Rd.
Kenora ON   P9N 4J1
Adresse postale : 5-11 Sylvan St., Kenora ON   P9N 0E9

De 26 $ à 32 $
Ouvert du 1er mai à l'Action de grâces (mi-octobre)
83 emplacements : 15 avec 3 services et 7 avec 2 services
Animaux autorisés

T : 807 467-2700
T réservations : 1 877 318-2267 (CAMP)
maffleck@kenora.com
www.campingkenora.com

Retardez vos montres d'une heure à Shebandowan.

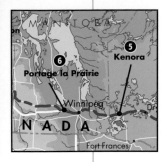

De : Kenora, Ontario
À : Portage la Prairie, Manitoba
Distance : 295 km

TRAJET ROUTIER

À partir du camping, tournez à gauche (nord) sur Robertson (200 m) puis à gauche (ouest) sur 7th St. (200 m). Tournez à droite (nord) sur 1st Ave. (800 m) puis à gauche (ouest) sur la route 17 (2nd St.). Continuez sur la route 17 Ouest (Great River Rd.) sur environ 50 km. En entrant au Manitoba, la route change de nom pour route 1. C'est le bon moment pour arrêter au centre d'information touristique. Faites ensuite 140 km. À l'approche de Winnipeg, prenez la boucle de contournement Hwy 100 direction Trans-Canada Hwy West, Brandon, sur 40 km. Une fois passé Winnipeg, continuez sur la route 1 Ouest sur environ 60 km.

Une douzaine de km avant Portage la Prairie, surveillez les indications du camping, car le MILLER'S CAMPING RESORT se trouve 10 km à l'est de la ville. Il se situe après le croisement de la route 430, mais avant celui de la 26 et de la boucle de contournement.

MILLER'S CAMPING RESORT

Hwy 1E (10 km / 6 mi à l'est de Portage la Prairie)
Adresse postale : P.O. Box 821
Portage la Prairie MB R1N 3C3

De 22 $ à 24 $
Ouvert du 1er mai au 1er octobre
185 emplacements dont 10 avec 3 services et 12 avec 2 services
Animaux autorisés

T : 204 857-4255
info@millerscampground.com
www.millerscampground.com

À Saint-Boniface, faites un arrêt à la Maison Gabrielle-Roy et sur le Lieu historique national de la Maison-Riel.

De : *Portage la Prairie, Manitoba*
À : *Yorkton, Saskatchewan*
Distance : *382 km*

TRAJET ROUTIER

Reprenez la route 1 en direction ouest et contournez
Portage la Prairie. Faites environ 25 km jusqu'au
croisement de la route 16 (Yellowhead Hwy, identi-
fiée par une tête jaune sur le panneau de signalisa-
tion). Prenez cette route à droite et faites 115 km.
Vous entrez alors en Saskatchewan. Continuez
sur environ 230 km jusqu'à Yorkton.

Traversez la ville de Yorkton. Le camping CITY OF
YORKTON CAMPGROUND est à la sortie de la ville,
toujours sur la route 16.

CITY OF YORKTON CAMPGROUND

GPS 51 12 47.38 – 102 28 33.68

Highway 16A, Yorkton
Adresse postale : City Park, Yorkton SK S3N 2W3

À partir de 18 $
Ouvert du 1ᵉʳ mai au 30 septembre
54 emplacements avec 2 services
Animaux autorisés

T en saison : 306 786-1757
T hors saison : 306 786-1776
campground@yorkton.ca
www.yorkton.ca/dept/leisure/campground.asp

Vous changez à
nouveau de
fuseau horaire
en entrant en
Saskatchewan.

De : Yorkton, Saskatchewan
À : Saskatoon, Saskatchewan
Distance : 330 km

TRAJET ROUTIER
À partir du camping de Yorkton, continuez sur la route 16 (Yellowhead Hwy) et faites 318 km.

En arrivant à Saskatoon, au croisement de la 16 et de la 11, continuez tout droit sur environ 8 km vers le centre-ville (ne prenez pas le Circle Dr., la route de ceinture !). Tournez à gauche sur 20th St. W (1,6 km), puis encore à gauche sur P Ave. S (2 km). L'entrée du camping GORDON HOWE CAMPGROUND est à gauche au bout de la rue.

GORDON HOWE CAMPGROUND
GPS 52 6 35.32 – 106 41 38.88

1640, P Ave. S, au sud de 11th St.
Saskatoon SK S7M 2J5
Adresse postale : 222, 3rd Ave. North
Saskatoon SK S7K 0J5

De 25 $ à 28 $
Ouvert de mi-avril à fin septembre
135 emplacements avec 2 services, station de vidange
Animaux autorisés

T : 306 975-3328 et 306 975-3340
T réservations : 1 866 855-6655
F : 306 975-2995
gordonhowe.campground@saskatoon.ca
ghc@saskatoon.ca
www.saskatoon.ca

De : *Saskatoon, Saskatchewan*
À : *Edmonton, Alberta*
Distance : *554 km*

TRAJET ROUTIER

En sortant du camping, tournez sur P Ave. Ensuite, tournez à gauche sur 11th St. W. Tournez à droite sur Circle Drive W. Au croisement des routes 7, 11 et 16, tournez à gauche et suivez Hwy-16, 12, Idywyld Dr., Trans-Canada Hwy West. Plus loin, les routes 11 et 16 se séparent, restez sur la route 16 (Yellowhead Hwy) sur 502 km.

Avant d'arriver à Edmonton, prenez la sortie à droite vers la route 216 qui devient la Hwy 14 (faites 20 km). Gardez la droite dans la sortie pour Hwy 2 (faites 6 km). Vous prenez ensuite la sortie sur 9th St. et faites 5 km jusqu'à 141st St. SW. Vous tournez à droite sur 41st Ave. puis sur 156th St. SW jusqu'au camping WHITEMUD CREEK GOLF AND RV RESORT.

WHITEMUD CREEK GOLF AND RV RESORT

GPS **53 24 08.15 – 113 35 24.35**

3428-156th St. SW
Edmonton AB   T6W 1A6

À partir de 40 $
Ouvert toute l'année
125 emplacements avec 3 services
Petits animaux autorisés

T : 780 988-6800
T réservations : 1 866 988-6800
F : 780 989-8680
info@whitemudcreek.com
www.whitemudcreek.com

«Qui veut voyager loin, ménage sa monture», dit le proverbe. Vérifiez régulièrement votre équipement !

De : *Edmonton, Alberta*
À : *Jasper, Alberta*
Distance : *390 km*

TRAJET ROUTIER
En quittant le camping d'Edmonton, tournez à droite sur la 156th St., faites 3,2 km. Tournez à droite sur la 41st Ave. (Township Road 512), faites 1,6 km. Tournez à droite sur la 170th St. Faites 4,6 km. Continuez sur Terwillegar Dr. et faites 1 km. Tournez à gauche sur la rampe d'accès de la Hwy 216, faites 15,6 km. Suivez Yellowhead Hwy 16 direction ouest jusqu'à Jasper, faites 351,3 km.

Tournez à gauche sur la route 93 (Promenade des glaciers) et faites 3,4 km. Tournez à droite et puis immédiatement à gauche pour l'entrée du parc jusqu'à la barrière pour le camping JASPER NATIONAL WHISTLER'S CAMPGROUND.

 WHISTLER'S CAMPGROUND

GPS **N 52 51 03; W 118 04 35** ou **52.85083 N, 118.07639 W**

Jasper National Park
Adresse postale : P.O. Box 10
Jasper AB T0E 1E0

De 27 $ à 38 $
Ouvert de mi-mai à mi-octobre
781 emplacements : 77 avec 3 services, 100 avec 1 service (électricité), 604 sans service
Animaux autorisés à certaines conditions

T : 780 852-6146
T réservations : 1 877 737-3783 (RESERVE)
(obligatoires, au moins 24 heures à l'avance)
www.pccamping.ca

De : Jasper, Alberta
À : Banff, Alberta
Distance : 290 km

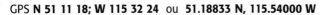

TRAJET ROUTIER
En quittant le camping de Jasper revenez jusqu'à la
Hwy 93. Tournez à droite sur la Hwy 93 jusqu'à
l'intersection de la TC1 avant la ville de Lake Louise,
faites 225,6 km. Continuez sur la TC1 et la Hwy 93
jusqu'à Banff, faites 61,6 km.

À Banff prenez la bretelle à droite pour Banff Ave., faites
0,9 km. Tournez à gauche sur Tunnel Mountain Rd. jusqu'au
camping TUNNEL MOUNTAIN TRAILER COURT.

TUNNEL MOUNTAIN
TRAILER COURT

GPS **N 51 11 18; W 115 32 24** ou **51.18833 N, 115.54000 W**

Banff National Park
Tunnel Mountain Rd
Adresse postale : P.O. Box 900, Banff AB T1L 1K2

À partir de 30 $
Ouvert du début mai au début octobre
321 emplacements
Animaux autorisés à certaines conditions

T : 403 762-1550
T réservations : 1 877 737-3783
(obligatoires, au moins 24 heures à l'avance)
www.pccamping.ca

Le lac Moraine,
de couleur
émeraude,
est celui qui
apparaît sur le
billet de 20 $!

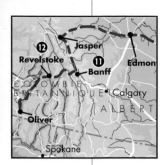

De : *Banff, Alberta*
À : *Revelstoke, Colombie-Britannique*
Distance : *255 km*

TRAJET ROUTIER
En quittant le camping Tunnel Mountain Trailer Court, revenez sur Banff Ave. jusqu'à la TC1 et la Hwy 93. Prenez à gauche la bretelle d'accès pour la TC1 et la Hwy 93 direction ouest et faites 34,4 km. Après la ville de Lake Louise, continuez sur la TC1 jusqu'à Canyon Hot Springs, faites 218,8 km.

À Canyon Hot Springs, tournez à gauche sur Albert Canyon Rd., le camping CANYON HOT SPRINGS est à 400 m.

 CANYON HOT SPRINGS

GPS **51.1366 N, 117.8558 W**

35 km à l'est de Revelstoke
Adresse postale :
P.O. Box 2400, Revelstoke BC V0E 2S0

De 25 $ à 32 $
Ouvert du 15 mai au 30 septembre
200 emplacements : 62 avec 2 services, 138 sans service
Animaux autorisés à certaines conditions

T : 250 837-2420
F : 250 837-3171
canyonhotsprings@hughes.net
www.canyonhotsprings.com

De : *Revelstoke, Colombie-Britannique*
À : *Oliver, Colombie-Britannique*
Distance : *335 km*

TRAJET ROUTIER
En quittant le camping Canyon Hot Springs, tournez
à gauche sur la TC1, faites 146 km. À Sicamous,
tournez à gauche sur la Hwy 97A et faites 65,3 km.
La Hwy 97A devient la Hwy 97, faites 166,4 km
jusqu'à Oliver.

*Dans la ville d'Oliver, restez sur la Hwy 97 direction sud.
Entre la 346th Ave. et la 340th Ave., prenez la première
route locale à votre gauche (vers l'est). Faites 60 m et
prenez la première rue à droite (vers le sud). Faites
100 m. Le camping DESERT GEM RV RESORT est à 60 m.*

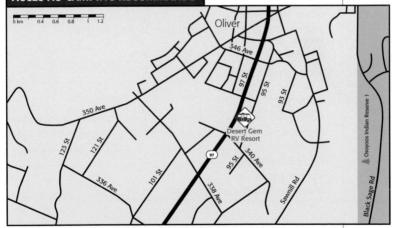

ACCÈS AU CAMPING RECOMMANDÉ

DESERT GEM RV RESORT
GPS **N 49 10 21; W 119 33 15** ou **49.17250 N, 119.55417 W**

34037 Hwy 97
Oliver BC V0H 1T0

De 24 $ à 28 $
Ouvert toute l'année
65 emplacements avec 3 services
Animaux autorisés à certaines conditions

T : 1 888 925-9966 ou 250 498-5544
F : 250 498-5584
info@desertgemrv.com
www.desertgemrv.com

◈ À PARTIR DU CAMPING

LA VALLÉE DE L'OKANAGAN (Colombie-Britannique)
La région de l'Okanagan Valley produit la quasi-totalité des vins de la Colombie-Britannique. Les vins de la région ont été couronnés internationalement.

OLIVER
Silver Sage Winery
Visite recommandée. Spécialité de vins de glace.
32032 87th Street
T : 250 498-0310
www.silversagewinery.com

OSOYOOS
Cette ville construite à quelques kilomètres de la frontière américaine, dans un climat désertique, rappelle davantage les déserts américains ou même le sud de l'Italie qu'une ville canadienne.
www.osoyoos.ca
www.destinationosoyoos.com

Voilà un site fort utile pour réussir l'épreuve de la douane : www.cbp.gov

De : *Oliver, Colombie-Britannique*
À : *Leavenworth, Washington*
Distance : *281 km*

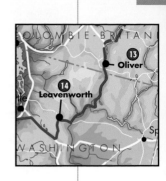

TRAJET ROUTIER
En quittant le camping Desert Gem RV Resort, tournez à gauche en direction sud sur la Hwy 97. Faites 23,5 km (14,6 mi) pour vous rendre jusqu'aux douanes américaines. Vous entrez aux États-Unis par l'état de Washington. Continuez sur la US97. Faites 223 km *(138,6 mi)* jusqu'à Leavenworth.

Après la ville de Leavenworth, tournez à gauche sur Icicle Rd. Faites 4,9 km. Tournez à gauche pour l'accès au camping ICICLE RIVER RV RESORT.

POUR PRÉPARER VOTRE VOYAGE

Bienvenue dans l'état de Washington, the Evergreen State *!*

Laissez-vous séduire par la beauté et la variété de l'état de Washington : ses îles charmantes, ses volcans imposants, ses forêts pleines de mystère, ses vins d'excellente qualité, ses villes animées et ses sentiers dans l'arrière-pays.

Seattle est le centre culturel et de loisirs de cet état. C'est une ville internationale, nichée entre mer étincelante et montagnes enneigées, elle attire le voyageur par l'art, l'architecture, la culture, sans oublier les bons restaurants et le shopping. Outre ses attractions principales, cet état comprend 120 parcs et 4 830 kilomètres de côte.

Les parcs nationaux et monuments vous offrent de l'aventure tout au long de l'année.

Les plus connus sont le parc national du mont Rainier; le parc national Olympic, inscrit au patrimoine mondial de l'UNESCO et réserve de la biosphère; le parc national des Cascades du Nord. Au sud de l'état, quatre centres touristiques entourent le mont St. Helens, dont la dernière éruption remonte à mai 1980. La destruction occasionnée alors contraste totalement avec la région verdoyante environnante et fréquentée par nombre de promeneurs, randonneurs et férus d'escalade.

Bienvenue aux États-Unis et suivez le guide !

De très longues journées d'ensoleillement bénéficient aux touristes et résidents, ce qui, associé à un sol idéal pour la culture du raisin, a contribué à faire de l'état de Washington le deuxième état producteur de vin des États-Unis. Les fermiers cultivent dans l'état de Washington plus de 300 variétés de fruits, légumes et autres cultures particulières. Profitez de l'abondance de produits locaux dans plus de 100 marchés et dans les restaurants qui se fournissent directement auprès des cultivateurs locaux.

En bord de mer, trouvez une table et dégustez aussi les trésors de l'océan, agrémentés de légumes locaux, de vin ou d'une bière artisanale. L'état produit tellement d'ingrédients de grande qualité que vous ne serez jamais bien loin d'une fête gastronomique.

L'état de Washington accueille de nombreuses entreprises connues dans le monde entier, parmi lesquelles Microsoft, Boeing, Nintendo America et Starbucks.

Washington State Tourism
T : 1 800 544-1800
www.experiencewa.com

 EN COURS DE ROUTE

OROVILLE
Sites historiques
Visitor Information Center
T : 509 476-2739

ELLISFORD
Old Okanogan Mission Monument

TONASKET
Sites historiques
Tonasket Visitors Center et Indian Interpretive Center
T : 509 486-4543

WINTHROP/OKANOGAN
Venez découvrir Winthrop, ville western, et ses nombreuses possibilités de randonnées. Avec plus de 1600 km de chemins et plus d'un million d'hectares de terrains accessibles au public, les loisirs de plein air et l'observation de la faune y sont spectaculaires. Cherchez les cerfs, les aigles d'Amérique, les chèvres chamoisées, les ours noirs, les couguars et bien plus encore dans ce pays sauvage.
T : 509 826-4218
www.OkanoganCountry.com
www.WinthropWashington.com

CASHMERE
Liberty Orchards Co. Inc.
Visite de l'usine de bonbons, incluant la cuisine
et l'empaquetage
117 Mission (près de la Hwy 2)
T : 509 782-4088

ACCÈS AU CAMPING RECOMMANDÉ

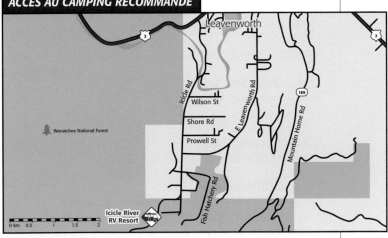

ICICLE RIVER RV RESORT

GPS **N 47 33 0 N; W 120 41 15** ou **47.5494 N 120.68694 W**

7305 Icicle Road
Leavenworth, WA 98826

De 30 $US à 42 $US
Ouvert du 1er avril au 21 octobre
115 emplacements : 102 avec 3 services, 13 avec 2 services
Animaux bienvenus

T : 509 548-5420
information@icicleriverrv.com
www.icicleriverrv.com

Les gestionnaires de terrains de camping sont des conseillers très appréciés en voyage. Si vous avez des intérêts particuliers, adressez vous à eux.

À PARTIR DU CAMPING

LEAVENWORTH
Une étape originale : la Bavière aux États-Unis !
Ici, l'architecture est typiquement allemande, les paysages montagneux sont spectaculaires et l'hospitalité est chaleureuse.
De l'art, des loisirs renommés, des restaurants variés.
Exposition d'art dans les parcs les fins de semaine

Visitor Information Center
T : 509 548-5807
www.leavenworth.org

King Ludwig's Restaurant
Arrêt recommandé. Repas bavarois.
921 Front Street
T : 509 548-6625
info@kingludwigs.com
www.kingludwigs.com

National Fish Hatchery
Élevage de saumons – près de 2 millions par année !
À 3,2 km (2 mi) au sud sur Icicle Rd.
T : 509 548-7641

De : *Leavenworth, Washington*
À : *Kelso, Washington*
Distance : *396 km*

TRAJET ROUTIER

En quittant le camping Icicle River RV Resort, revenez
sur Icicle Rd. et faites 4,1 km (2,5 mi). Tournez à
droite sur la US2, faites 9 km (5,6 mi). Tournez
à droite sur la US97 direction sud ouest et faites
56,8 km (35,2 mi). À Lauderdale Junction, gardez la
droite et continuez sur la SR970. Faites 15,7 km (9,7 mi), puis
tournez à gauche pour l'accès à l'I-90. Suivez l'I-90, direction
ouest et faites 97 km (60,2 mi) jusqu'à la sortie 25. À la sortie
25, prenez la bretelle de gauche pour la SR18. Continuez sur
la SR18, faites environ 45 km (28 mi) jusqu'à l'intersection de
l'I-5. Prenez la bretelle à droite pour l'I-5. Continuez sur l'I-5
direction sud, faites 164,6 km (102 mi) jusqu'à la sortie 39.

À la sortie 39, tournez à gauche sur Allen St. Le camping
BROOKHOLLOW RV PARK est à 1,5 km.

EN COURS DE ROUTE

SEATTLE
Future of Flight & Boeing Tour

Faites la visite des installations de Boeing. Admirez les avions
commerciaux les plus prisés de la planète dans le bâtiment le
plus grand au monde (en volume !). Dans la galerie Future of
Flight, profitez des expositions interactives.
8415 Paine Field Blvd., Mukilteo, WA 98275, à environ
48,3 km (30 miles) au nord de Seattle par l'Interstate-5.
T : 425 438-8100 et sans frais 1 888 467-4777
T réservations : 1 800 464-1476
F : 425 265-9808
info@futureofflight.org
www.futureofflight.org

*« Qui a
l'habitude de
voyager sait
qu'il arrive
toujours un
moment où il
faut partir. »
Paolo Coelho*

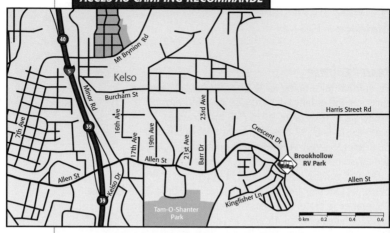

ACCÈS AU CAMPING RECOMMANDÉ

 BROOKHOLLOW RV PARK

GPS **N 46 8 41 ; W 122 52 45** ou **46.14444 N, 122.87917 W**

2506 Allen Street
Kelso, WA 98626

30 $US pour 2 personnes
Ouvert toute l'année
132 emplacements avec 3 services
Animaux bienvenus ($)

T : 360 577-6474
T réservations : 1 800 867-0453
F : 360 577-7107
camping@kalama.com
www.brookhollowrvpark.com

À PARTIR DU CAMPING

SILVER LAKE
Mount St. Helens National Volcanic Monument
Lors de l'éruption du mont St. Helens en mai 1980,
400 mètres de montagne se sont effondrés et des milliards
de tonnes de cendres ont couvert la planète.

Sentiers et expositions sur les conséquences de l'éruption.
Accès au Seaquest State Park pour les amateurs d'escalade.
Arrêt intéressant et aires de pique-nique.

Sur la route 504, à 8 km (5 mi) à l'est de l'Interstate 5, prendre
la sortie 49.

Ouvert tous les jours de 9 h à 17 h, de mi-mai à fin septembre
et de 9 h à 16 h, d'octobre à mai. Fermé les mardis et mercredis,
du 1er janvier au 31 mars.

Le Visitor Center est géré par la Washington State Parks and
Recreation Commission
T : 360 449-7800 et 360 274-0962
www.parks.wa.gov/interp/mountsthelens
www.experiencewa.com/Cities/Mount-St-Helens.aspx
www.fs.fed.us/gpnf/mshnvm

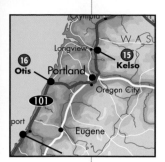

De : Kelso, Washington
À : Otis, Oregon
Distance : 213 km

TRAJET ROUTIER

En quittant le camping Brookhollow RV Park, revenez sur Allen St. puis tournez à gauche pour la bretelle d'accès de l'I-5 en direction sud. Continuez sur l'I-5. À environ 66 km (41 mi), vous entrez dans l'état de l'Oregon. Continuez sur l'I5, faites encore 21,4 km (13,3 mi) jusqu'à la sortie 294. À la sortie 294, prenez la bretelle à droite pour la SR99W. Continuez sur la SR99W (Pacific Hwy West) et faites 36 km (22,3 mi). Avant Dayton, prenez à gauche la SR18 et SR233. Continuez sur la SR18; faites 85 km (52,8 mi) jusqu'à l'intersection de la US101.

Suivez la US101 jusqu'à E Devils Lake Rd (1 km). Tournez à gauche sur E Devils Lake Rd et faites 500 m (0,3 mi). Tournez à gauche sur NE. 50th St. et faites 200 m (660 pi) avant de reprendre sur E Devils Lake Rd à droite. Faites 1 km (0,6 mi) en suivant les indications pour le LINCOLN KOA.

POUR PRÉPARER VOTRE VOYAGE

Bienvenue en Oregon, dont la devise est… *We love Dreamers* ™ L'état d'Oregon est bordé de 580 km de côte. D'Astoria à Brooking Harbor, complètement au sud, en passant par Lincoln City, vous allez profiter d'une variété époustouflante de paysages. Si vous voulez séjourner quelques jours dans l'état de l'Oregon, voici quelques ressources pour vous informer.

Information touristique

Oregon Tourism Commission
T : 1 800 547 7842
www.traveloregon.com

Conditions routières
T : 1 800 977-ODOT (6368) et 503 588-2941
www.tripcheck.com

PORTLAND
Portland Metro Area
T : 1 877 678-5263
1000 SW Broadway, Suite 2300
Portland, OR 97205
T : 503 275-9750 ou 1 800 962-3700
info@travelportland.com
www.travelportland.com

State Welcome Centers Portland Metro
Interstate 205 Exit 10 / 1726 Washington St.
Ouvert toute l'année
T : 503 657-9336, poste 114 ou 1 800 424-3002
F : 503 557-8590
visitorservices@endoftheoregontrail.org

EN COURS DE ROUTE

AU SUD DE PORTLAND (environs de Salem, Corvallis et Canby)
Willamette Valley Wine Country

Oregon Wine Board
www.oregonwine.org

Willamette Valley Visitors Association
www.oregonwinecountry.org

Willamette Valley Wineries Association
www.willamettewines.com

SALEM
Mission Mill Museum
Maisons historiques. Tribut à l'industrie du textile de la vallée
Willamette.
1313 SE Mill Street
T : 503 585-7012
F : 503 588-9902
info@missionmill.org
www.missionmill.com

À L'EST DE PORTLAND
The Columbia River Gorge National Scenic Area

Columbia River Gorge Visitors Association
www.crgva.org

Friends of Multnomah Falls
www.friendsofmultnomahfalls.org

Friends of Vista House
www.vistahouse.com

Historic Columbia River Highway
www.byways.org/explore/byways/2141

Hood River
www.hoodriver.org

Hood River Fruit Loop
www.hoodriverfruitloop.com

Mount Hood
Cooper Spur Mountain Resort and Ski Area
www.cooperspur.com

Mount Hood Information Center
www.mthood.info

Mt. Hood Meadows
www.skihood.com

Mount Hood Skibowl
www.skibowl.com

Oregon's Mt. Hood Territory
www.mthoodterritory.com

Summit Ski Area
www.summitskiarea.com

Timberline Lodge and Ski Area
www.timberlinelodge.com

À L'OUEST DE PORTLAND, LA CÔTE !

Complétez votre information auprès des associations touristiques.

Oregon Coast Visitors Association

P.O. Box 74 / 137 NE First St.

Newport, OR 97365

T : 541 574-2679 ou 1 888 628-2101

F : 541 265-2188

www.visittheoregoncoast.com

Seaside Visitors Bureau

T : 1 888 306-2326

visit@seaside-Oregon.com

www.seasIdeOR.com

H. B. Van Duzer Forest State Scenic Corridor

Faites environ 69 km sur la Hwy 18. Un peu avant d'arriver à Otis et avant de prendre la US101, vous traversez un parc et de magnifiques paysages. Vous pouvez faire un arrêt afin de vous restaurer ou profiter des sentiers pédestres.

T : 1 866 291-868 et 1 800 551-6949

www.oregonstateparks.org/park_222.php

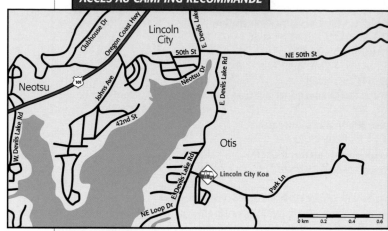

ACCÈS AU CAMPING RECOMMANDÉ

LINCOLN CITY KOA

GPS N 44 59 33; W 123 58 43 ou **44.99194 N, 123.97833 W**

5298 NE Park Lane
Otis, OR 97368

De 27 $US à 39 $US pour 2 personnes
Ouvert toute l'année
67 emplacements : 22 avec 3 services, 30 avec 2 services,
15 sans service
Station de vidange
Animaux bienvenus

T : 541 994-2961
T réservations : 1 800 562-3316
F : 541 994-9454
lincolnkoa@harborside.com
www.koa.com/where/or/37108

À PARTIR DU CAMPING

LINCOLN CITY
Il y a plus de 17 plages publiques à proximité. Cependant, les stationnements sont petits et quelques endroits seulement possèdent des toilettes publiques.
Plan de la ville :
www.oregoncoast.org/about-media/LincolnCityMap.pdf

North Lincoln County Historical Museum
Fondé en 1987, le musée présente une exposition permanente sur l'histoire de la région ainsi que quelques expositions temporaires. Ouvert du mercredi au dimanche de 12 h à 17 h.
4907 Southwest Highway 101
T : 541 996-6614
www.northlincolncountyhistoricalmuseum.org

The Pacific Coast Center for Culinary Art
Offrez-vous une distraction originale. Apprenez des recettes de la côte du Pacifique. Nous vous conseillons fortement de téléphoner ou de visiter le site internet afin de connaitre l'horaire des cours.
801 Southwest Highway 101, Suite 4
T réservations : 541 557-1125 et 1 800 452-2151
sharonw@lincolncity.org
www.oregoncoast.org/culinary/index.php

The Connie Hansen Garden Conservancy
Créations horticoles de la célèbre Constance P. Hansen, botaniste de l'Université de Californie, collectionneuse et artiste, élaborées au cours des 20 dernières années de sa vie.
1931 NE 33rd Street (accès par la Hwy 101, 34th Street)
T : 541 994-6338
conniehansengarden@msn.com
www.conniehansengarden.com

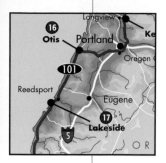

TRAJET ROUTIER

En quittant le camping Lincoln City KOA, tournez à gauche sur NE Park Lane. Tournez ensuite à gauche sur E Devils Lake Rd. jusqu'à la US101. Prenez à gauche et faites 172 km (106,8 mi).

À Lakeside, tournez à gauche sur Airport Way. Faites 1,1 km. Tournez à droite sur N 8th St. Faites 300 m (1000 pi). Tournez à gauche sur N Lake Rd. Suivez les indications pour le camping NORTH LAKE RV RESORT & MARINA.

POUR PRÉPARER VOTRE VOYAGE

Pour cette étape, trouvez une foule de renseignements complémentaires sur les parcs et attractions en consultant les sites : **www.oregonstateparks.org** et **www.visittheoregoncoast.com**.

Pour les régions de Florence, Eugene, Cascades et de la côte, obtenez tous les renseignements touristiques auprès des bureaux et du Visitor Center de Travel Lane County Office.
T : 541 484-5307 et 1 800 547-5445
www.travellanecounty.org et **www.VisitLaneCounty.org**

EN COURS DE ROUTE

DEPOE BAY
Admirez les falaises de basalte qui datent de millions d'années. Depoe Bay est le plus petit port de pêche au monde.
www.oregonstateparks.org/park_213.php et
www.depoebaychamber.org

Excursions d'observation des baleines

Depoe Bay Mariner
dzimmerman@depoebaymariner.com
www.depoebaymariner.com

Dockside Charters
res@newportnet.com
www.DocksideDepoeBay.com

Loon Lake Lodge & RV Resort
loonlakerv@loonlakerv.com
www.loonlakerv.com

Tradewinds Charters
Tradewinds@centurytel.net
www.tradewindscharters.com

Whale Research EcoExcursions
newellc@lanecc.edu
www.whaleresearchexcursions.com

OTTER ROCK
Devil's Punchbowl Nature Center
Parc naturel où vous pourrez voir une célèbre cuvette rocheuse
dans la mer qui se remplit au gré des marées.
Ouvert tous les jours de 6 h à 20 h.
Situé sur la Highway 101 à 5,6 km (3,5 mi) au sud de Depoe Bay
T : 1 800 551-6949
web.oregon.com/trips/devils_punchbowl.cfm

SEAL ROCK
Sea Gulch Woodcarving Outlet
Entreprise familiale qui démarra en 1976. Exposition de
statuettes sculptées à la scie mécanique. Ouvert tous les jours.
10 949 Highway 101 South
T : 541 563-2727
www.oregonbearcarvings.com

YACHATS
Sea Lion Caves
Vivez une expérience inoubliable en visitant des grottes naturelles où vivent des troupeaux d'otaries et des oiseaux sauvages. L'océan s'engouffre dans les grottes et crée à lui seul tout un spectacle.
91560 Highway 101, à 61,1 km (38 mi) au sud de Newport
Un peu avant Florence
T : 541 547-3111
F : 541 547-3545
info@sealioncaves
sealioncaves.com/home

FLORENCE
À partir du Harbor Vista Park à Florence, vous avez accès à une route panoramique qui traverse des dunes de plus de 300 pi de hauteur. Nombreux sont les vacanciers qui se laissent tenter par l'aventure de la conduite dans le sable en 4x4 ou en quad.
www.co.lane.or.us/parks/harbor.htm

Oregon Dunes National Recreation Area
Pour en savoir plus sur cette région :
www.stateparks.com/oregon_dunes.html
www.co.lane.or.us/parks/harbor.htm

WINCHESTER BAY
Umpqua Lighthouse State Park
Visitez un phare monumental.
www.oregonstateparks.org/park_121.php
www.oregonstateparks.org/images/pdf/umpqua_full.pdf

Des expressions et mots français comme Joie de vivre, souvenir, rendez-vous et c'est la vie, sont passés dans le langage courant des Américains. Allez-vous en entendre d'autres ?

ACCÈS AU CAMPING RECOMMANDÉ

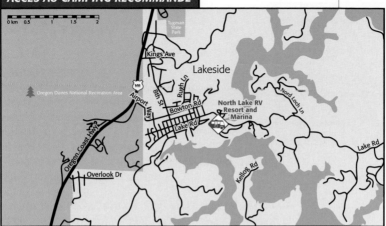

NORTH LAKE RV RESORT AND MARINA

GPS N 43 34 39; W 124 9 45

2090 North Lake Road
Lakeside, OR 97449

27 $US pour 4 personnes
Ouvert du 1ᵉʳ avril au 1ᵉʳ novembre
104 emplacements : 57 avec 3 services, 25 avec 2 services,
22 sans service
Station de vidange
Animaux bienvenus

T : 541 759-3515
F : 541 759-3326
www.northlakeresort.com

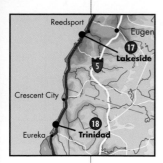

De : Lakeside, Oregon
À : Trinidad, Californie
Distance : 333 km

TRAJET ROUTIER
En quittant le camping North Lake RV Resort & Marina, vous revenez sur N Lake Rd. Tournez à droite sur N 8th St., à gauche sur Airport Way, puis prenez à gauche sur la US101. Suivez la sur environ 120 km (74,5 mi) avant d'entrer dans l'État de Californie. Continuez sur la US101 sur 209 km (129,8 mi), jusqu'au Patrick's Point State Park.

Au Patrick's Point State Park, quittez la US101 et prenez la bretelle d'accès (Patrick Point Dr.) à droite. Continuez sur Patrick's Point Dr. (1,8 km / 1,1 mi) jusqu'au camping SOUNDS OF THE SEA RV PARK.

POUR PRÉPARER VOTRE VOYAGE

Bienvenue en Californie, troisième plus grand état des États-Unis, surnommé le *Golden State*.

La Californie est une destination idéale 365 jours par an. Son climat convient à tous, habitués des températures du nord ou adeptes du soleil. Cependant, la plupart des touristes venant en Californie entre la mi-juin et le mois d'aout risquent à cette période de subir de longues files d'attente sur les sites populaires. Il est facile de sortir des sentiers battus et de profiter des parcs, des plages et des sites un peu éloignés des centres urbains. Les grandes attractions touristiques de l'état sont ouvertes à l'année. Au printemps, les grandes régions désertiques sont plus invitantes qu'en plein été quand règne une chaleur torride. À l'automne, les régions viticoles fourmillent d'activité.

Bonjour à tous. Je suis très content de vous accueillir en Californie.

La Californie offre une grande variété de paysages et découvertes, des forêts de séquoias aux vagues déferlantes, des régions côtières animées aux vignobles et des déserts aux incontournables mégapoles. Les 9 étapes de ce circuit, entre l'Oregon au nord et la frontière mexicaine au sud, vous feront traverser 9 des 12 régions de cet état. North Coast, Bay Area avec San Francisco, Central Coast avec Santa Barbara, Los Angeles, Orange County, San Diego, Inland Empire et Desert, chacune de ces régions vous donnera l'impression de traverser un pays différent.

Les villes principales de la Californie sont réputées pour être dynamiques, résolument avant-gardistes et belles ! Elles ont une manière unique d'allier culture, nature et 21e siècle. San Francisco, avec le Golden Gate, pourrait vous occuper des semaines entières. San Jose, cœur de la Silicon Valley où la technologie est reine, vous étourdira assurément. Los Angeles représente l'essence même de la Californie et de sa diversité culturelle. Enfin, San Diego, avec son éternelle brise océane, peut se vanter de posséder l'un des climats les plus agréables au pays.

Probablement en raison de son développement économique et démographique rapide, la côte ouest des États-Unis a une réputation d'excentricité. À vous d'en juger tout au long de votre voyage. Une autre caractéristique de la Californie est sa diversité. Près de 40 pour cent de la population s'exprime dans une autre langue que l'anglais. Ceci explique la grande variété des activités et curiosités culturelles offertes. Vous voudriez participer aux grandes célébrations locales des communautés chinoises ou afro-américaines, écouter les radios mexicaines, participer à des événements extravagants en traversant ce magnifique état ? L'exotisme total sera-t-il pour vous de découvrir la cuisine californienne ? Le choix vous appartient, les occasions ne manqueront pas.

L'invitation est lancée, préparez bien votre voyage en commandant de la documentation et des guides touristiques et profitez de chaque étape !

CALIFORNIE

Documentation touristique en ligne en français :
www.visitcalifornia.com/AM/Template.cfm?Section=Francais &ContentID=5617

Guide à commander
1 877-CALIFORNIA

La côte de Big Sur a inspiré un de ses célèbres résidants, l'écrivain Henry Miller.

◈ EN COURS DE ROUTE

CHARLESTON
Shore Acres State Park and Botanical Garden
Ancien site de l'hôtel particulier de Louis Simpson qui a fondé North Bend. Aujourd'hui, l'édifice n'est plus, mais les jardins sont ouverts au public. Vue spectaculaire sur l'océan. Ouvert tous les jours de 8 h au crépuscule.
Situé sur la Cape Arago Highway.
shoreacres.net

BANDON
Coquille River Lighthouse
Phare construit en 1891 afin d'améliorer le réseau fluvial. Ouvert tous les jours de 10 h à 16 h.
Situé sur le Park Road à 3 km au nord de Bandon.
www.lighthousefriends.com/light.asp?ID=127

BROOKINGS HARBOR
T : 541 469-3181 et 1 800 535-9469
www.BrookingsOR.com

Boardman State Park
Panorama splendide

Harris Beach State Park
Falaises battues par les éléments et monolithes de pierre

CRESCENT CITY
Redwood National and State Park
Écosystème côtier qui renferme une majestueuse forêt et une faune diversifiée. Ouvert tous les jours de 9 h à 17 h.
1111 Second Street
T : 707 465-7306
www.nps.gov/redw

KLAMATH
Trees of Mystery and End of the Trail Museum
Dans le Redwood National and State Park.
Musée amérindien, exposition d'objets étranges et arbres sculptés.
15500 Hwy 101
T : 1 800 638-3389 et 707 482-2251
F : 707 482-2005
tofm@treesofmystery.net
www.treeofmystery.net

Le point le plus haut de l'état de la Californie est le mont Whitney, à 4 421 m.

ACCÈS AU CAMPING RECOMMANDÉ

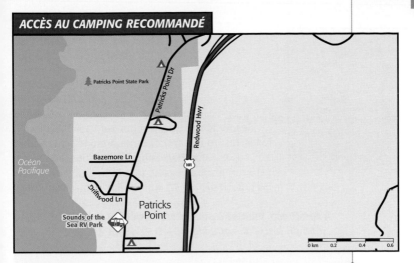

SOUNDS OF THE SEA RV PARK

GPS N 41 7 23; W 124 9 22

3443 Patrick's Point Drive
Trinidad, CA 95570

De 25 $US à 42 $US pour 2 personnes
Ouvert toute l'année
64 emplacements avec 3 services
Animaux bienvenus

T : 707 677-3271
T réservations : 1 877 489-6360 et 1 800 598-0600
reservations@soundsofthesea.us
www.soundsofthesea.us

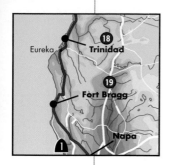

De : Trinidad, Californie
Ã : Fort Bragg, Californie
Distance : 266 km

TRAJET ROUTIER
En quittant le camping Sounds of the
Sea RV Park & Spa, revenez sur Patrick's Point Dr.
Faites 1,8 km (1,1 mi). Tournez à droite sur la US101
(Redwood Hwy South). Continuez sur 190 km
(118 mi) jusqu'à Leggett, puis tournez à droite sur la
SR1. Suivez-la sur 74 km (46 mi) jusqu'à Fort Bragg.

*À Fort Bragg, tournez à gauche sur Tregoning Lane. Faites 200 m
(660 pi) jusqu'au camping POMO RV PARK & CAMPGROUND.*

EN COURS DE ROUTE

EUREKA
Amateurs d'architecture victorienne et d'art et mordus d'histoire
seront comblés !

Humboldt State Historic Parck
3431 Fort Ave.
T : 707 445-6567
www.parks.ca.gov

Humboldt Bay Maritime Museum
1410 Second St.
T : 707 444-9440
www.HumboldtBaymaritimeMuseum.com

Autres attractions intéressantes au sud de la ville :

Sequoia Park et Sequoia Park Zoo
3414 W St.
T : 707 441-4263
www.sequoiaparkzoo.net

SCOTIA
Pacific Lumber Company Logging Museum
Découvrez différentes expositions sur l'histoire de l'acajou et de son exploitation, visites du complexe et magasin de produits manufacturés. Ouvert tous les jours de 8 h à 16 h 30.
125 Main Street
T : 707 764-2222

L'Avenue des Géants
Il s'agit d'une route de 51 km au sud de Scotia. Suivez la route 101 South jusqu'aux indications pour Avenue of the Giants, entre Weott et Myers Flat. Vous longez la route 101, le long de la rivière Eel.

Humboldt Redwoods State Park
Le parc possède l'une des plus grandes forêts de séquoias géants au monde. Quelques kilomètres au sud de Weott.
Visitor Center
T : 707 946-2263
www.humboldtredwoods.org

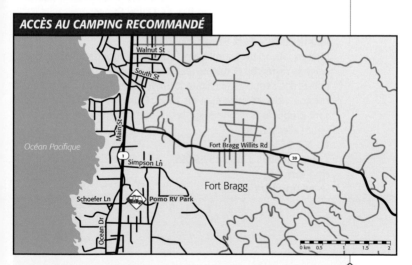

ACCÈS AU CAMPING RECOMMANDÉ

POMO RV PARK AND CAMPGROUND

GPS : **N 39 24 20 ; W 123 48 22**

17999 Tregoning Lane
Fort Bragg, CA 95437

38 $US à 40 $US pour 2 personnes
Ouvert toute l'année
125 emplacements : 75 avec 3 services, 23 avec 2 services,
27 sans service
Station de vidange
Animaux bienvenus ($)

T : 707 964-3373
F : 707 964-0619
Happycamping2u@yahoo.com
www.infortbragg.com/pomorvpark

 ## À PARTIR DU CAMPING

FORT BRAGG
Skunk Train Fort Bragg Depot
À cet endroit, vous trouverez une exposition de locomotives de collection ainsi que la gare qui sert de terminus pour le train à vapeur touristique. Situé en bas de Laurel Street.

Skunk Train – Fort Bragg – Willits
Montez à bord du Skunk Train (train de la mouffette) dans des wagons restaurés et découvrez de magnifiques paysages au milieu des séquoias ainsi que la Noyo River. Suivez « la route de l'acajou » comme elle était en 1885. Plusieurs types de forfaits sont proposés; s'informer sur les départs. Compter 4 heures pour l'aller-retour.
T : 707 964-6371
T réservations : 1 866 457-5865
rjp@mcn.org
www.skunktrain.com

De : Fort Bragg, Californie
Â : Napa, Californie
Distance : 223 km

TRAJET ROUTIER

En quittant le camping Pomo RV Park & Campground, revenez sur Tregoning Lane et tournez à gauche sur la SR1. Faites 27 km (16,7 mi) jusqu'à l'intersection de la SR128. Prenez la SR128 et faites 90 km (55,9 mi) jusqu'à Cloverdale. À Cloverdale, tournez à gauche sur Citrus Fair Dr., puis à droite pour la bretelle d'accès de la SR128 et US101S (Redwood Hwy). Continuez sur la SR128 et US101 et faites 23,4 km (14,5 mi) jusqu'à la sortie de Lytton Springs Rd, située après le village de Geyserville. Prenez la bretelle d'accès à droite et puis tournez à gauche sur Lytton Springs Rd., faites 0,9 km (0,5 mi). Tournez à droite sur Healdsburg Ave., faites 1,1 km (0,7 mi). Tournez à gauche sur Alexander Valley Rd., faites 5,4 km (3,3 mi) et puis tournez à droite. Continuez sur Alexander Valley Rd. et la SR128. Faites 47,9 km (29,7 mi). À Calistoga, continuez tout droit sur la SR128 et SR29 et faites 23 km (14,3 mi) jusqu'à la jonction avec Imola Ave.

À l'extrémité sud de la ville de Napa, prenez la bretelle pour Imola Ave. et tournez à gauche sur la SR121 (Imola Ave.). Faites 3,5 km (2,2 mi) jusqu'au camping SKYLINE WILDERNESS PARK.

EN COURS DE ROUTE

LA VALLÉE DE NAPA
La Mecque des amateurs de vins du Nouveau-Monde !
La vallée de Napa et Sonoma est à une heure de route du Golden Gate. En plus des vins, on y trouve de l'huile d'olive et quelques excellents fromages. Il y a des dizaines de haltes-dégustations payantes sur la route des vins. La modération s'impose, bien sûr !

Visites guidées dans les vignobles
www.valleywinetours.com

CALISTOGA
Old Faithful Geyser of California
Attraction naturelle et activités. Forêt pétrifiée, spas et vignobles à proximité. En plus du geyser, qui jaillit avec une régularité surprenante toutes les 30 minutes, découvrez quelques animaux domestiques originaux et plusieurs activités offertes sur place.
Ouvert tous les jours de 9 h à 17 h.
1299 Tubbs Lane
T : 707 942-6463
www.oldfaithfulgeyser.com

The Sharpsteen Museum
Les expositions permanentes présentent l'histoire de la vallée de Napa, de la préhistoire jusqu'aux années 1920, la grande période d'émigration et de développement des États-Unis.
Ouvert tous les jours de 11 h à 16 h.
1311 Washington Street
T : 707 942-5911
www.sharpsteen-museum.org

Sterling Vineyards
Plusieurs types de dégustations sont offertes. De la propriété, vous aurez une vue panoramique sur la vallée de Napa et sur le mont St. Helena. Visite des vignobles du haut d'un petit téléphérique ou simplement à pied.
Ouvert tous les jours de 10 h à 16 h 30.
1111 Dunaweal Lane
T : 1 800 726-6136
www.sterlingvineyards.com

RUTHERFORD
St. Supéry Vineyards & Winery
Plusieurs forfaits sont offerts dans cette entreprise familiale.
Ouvert tous les jours.
8440 St. Helena Highway
T: 707 963-4507 et 1 866 963-4535
www.stsupery.com

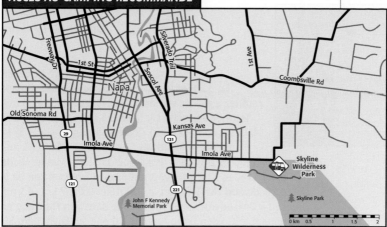

ACCÈS AU CAMPING RECOMMANDÉ

SKYLINE WILDERNESS PARK

GPS : **N 38 16 45; W 122 14 56**

2201 Imola Avenue
Napa, CA 94559

À partir de 25 $US
Ouvert toute l'année
39 emplacements : 19 avec 3 services, 20 avec 2 services
Animaux bienvenus

T : 707 252-0481
lpyle@interx.net
www.ncfaa.com/skyline/skyline_park.htm

À PARTIR DU CAMPING

Napa Valley Wine Train

Institution bien établie du pays du vin, le Wine Train est une voiture-restaurant Pullman de 1915, qui circule parallèlement à la route 29. Le trajet de 58 km aller-retour entre Napa et Saint Helena dure 3 heures et les passagers y dégustent des repas gastronomiques accompagnés des meilleurs vins de la vallée de Napa.
1275 McKinstry Street
T : 707 253-2111 ou 1 800 427-4124
www.winetrain.com

De : Napa, Californie
À : San Francisco, Californie
Distance : 84 km

TRAJET ROUTIER

En quittant le camping Skyline Wilderness Park, tournez à gauche sur Imola Ave., faites 2,2 km (1,3 mi). Tournez à gauche sur la SR221 (Napa Vallejo Hwy), faites 4,5 km (2,8 mi). Tournez à gauche sur la SR12 et SR29 (Broadway St.), faites 11,8 km (7,3 mi). Prenez la bretelle d'accès à droite pour la SR37 (Marine World Pkwy). Faites 31,2 km (19,4 mi) jusqu'à l'intersection de la US101 (Redwood Hwy). Prenez la US101S et faites 7 km (4,3 mi) jusqu'à Divisadero Street. Vous entrez dans San Francisco en empruntant le Golden Gate. Tournez à droite sur Divisadero St., faites 1,8 km (1,1 mi). Tournez à gauche sur Geary Blvd., faites 1,3 km (0,8 mi). Tournez à droite sur Gough St., faites 1,4 km (0,9 mi). Tournez à droite sur Market St., faites 100 m (330 pi). Tournez à gauche sur la US101 (Central Fwy.), qui devient James Lick Fwy., faites 8,5 km (5,2 mi) jusqu'à la sortie 429A à droite.

Prenez la bretelle 429A et continuez sur Alanna Rd., sur 400 m. Prenez sur Harney Way et faites 600 m (0,37 mi). Tournez à droite sur Jamestown Ave. et faites 500 m (0.3 mi). Tournez à gauche sur Hunters Point Expy et faites 700 m (0,44 mi). Prenez sur Guilman Ave. jusqu'au camping CANDLESTICK RV PARK, immédiatement à droite.

📖 POUR PRÉPARER VOTRE VOYAGE

Pour vous aider à vous repérer, consultez la carte de la région :
www.visitcalifornia.com/media/pages/getting_around/maps/SAN-FRANCISCO.pdf

SAN FRANCISCO

San Francisco est une ville à visage humain, composée d'une multitude de quartiers qui semblent autant de villages. La vie touristique se concentre au bord de l'eau, autour des complexes récréotouristiques que sont Fisherman's Wharf, Ghirardelli et Pier 39. Au camping Candlestick RV Park, un service payant de navette transporte les campeurs vers le centre de San Francisco. Le City Pass, très économique, donne accès à des tours de ville, des attractions et aux *cable cars,* de vieux autobus "historiques". Les activités incontournables que nous vous recommandons sont la descente de Lombard Street, en passant par la *crookedest street,* une rue tortueuse et fleurie qui mène au quartier chinois, Alcatraz et les nombreux musées. Immortalisez aussi le Golden Gate au coucher du soleil ! Des visites guidées en français de San Francisco sont également offertes, à pied et en autobus !

San Francisco Convention & Visitors Bureau

Procurez-vous avant de partir la pochette d'information gratuite. Elle vous sera adressée sur simple demande à partir du site web. **www.onlyinsanfrancisco.com**

Visitor Information Center

900 Market St. (angle Powell St., au sous-sol de Haillidie Plaza)
T : 415 391-2000
T : 415 391-2003 (messages enregistrés en français)
www.sfvisitor.org

Visites guidées à pied de quartiers de San Francisco

City Guides Office
T : 415 557-4266
tours@sfcityguides.org
www.sfcityguides.org

Les cable cars, vieux autobus de San Francisco, sont devenus en 1964 le premier monument historique mobile des États-Unis.

ACCÈS AU CAMPING RECOMMANDÉ

CANDLESTICK RV PARK

GPS N 37 42 56; W 122 23 0

650 Gilman Avenue
San Francisco, CA 94124

De 69 $US à 74 $US pour 2 personnes
Ouvert toute l'année
184 emplacements : 165 avec 3 services, 19 sans service
Animaux bienvenus

T : 415 822-2299
T réservation : 1 800 888-2267
F: 415 822-7638
Candlestick_rv@msn.com
www.sanfraciscorvpark.com

À PARTIR DU CAMPING

Restaurants et arrêts suggérés

Fino Bar & Ristorante
www.andrewshotel.com/fino.html

Harbor Fog Fish House
Pier 39
www.harborfogfishhouse.com

Boulangerie Boudin et musée
160 Jefferson Street
T : 415 351-5561
wharfevents@boudinbakery.com
www.boudinbakery.com

VISITES RECOMMANDÉES

GOLDEN GATE NATIONAL RECREATION AREA

San Francisco Public Library
Rendez-vous des bibliophiles et l'un des points de départ des
visites guidées à pied.
100 Larkin Street
T : 415 557-4400
www.sfpl.org

Asian Art Museum of San Francisco
La plus grande collection consacrée à l'art asiatique en
Amérique, au 200, Larkin St. sur Civic Center Plaza et à l'intérieur
de la bibliothèque de San Francisco.

Quartier chinois (Chinatown)
La plus grande communauté chinoise hors d'Asie.
Grant Avenue est l'artère principale de ce quartier qui s'étale
entre les rues Broadway et Bush, Kearny et Stockton.

Fisherman's Wharf
Lieu très touristique, cet ancien port de pêche constitue le point
de départ d'une visite au célèbre pénitencier d'Alcatraz. Voyez
aussi les colonies d'otaries au Pier 39.
Accès par Taylor St. à l'extrémité nord.

Alcatraz Cruises Ferries
Visites organisées dans la baie de San Francisco et vers cette île
célèbre pour sa prison à sécurité maximale, fermée en 1963.
Les réservations sont indispensables surtout de mai à octobre,
car plus de 300 personnes peuvent visiter l'île en même temps.
Comptez 2 h 30 pour une visite.
Départ au Pier 33 at The Embarcadero (places de stationnement
difficiles à trouver)
T : 415 981-7625
www.alcatrazcruises.com

QUARTIER DE LA MARINA
(À l'ouest de Fisherman's Wharf)

Exploratorium
Musée des sciences et technologies avec plus de 650 expositions interactives remarquables.
3601 Lyon St.
T : 415 561-0360
www.exploratorium.edu

Palace of Fine Arts
Pavillon de style néo-classique provenant de l'exposition Panama Pacific de 1915. Son magnifique dôme est aussi célèbre que le Golden Gate Bridge.
3301 Lyon St.
T : 415 563-6504
www.palaceoffinearts.org

QUARTIER MISSION
(Au sud du centre-ville)

Mission Dolores
Aussi appelée Mission San Francisco de Assisi, cette église est située dans un quartier à forte concentration hispanique où l'on peut admirer de nombreuses murales. Érigé en 1776, cet édifice est l'un des plus vieux sanctuaires de Californie.
685 Mission St. ou 16th St., angle Dolores St.
T : 415 621-8203
www.missiondolores.org et
www.californiamissions.com/cahistory/dolores.html

AU NORD DE SAN FRANCISCO

Muir Woods National Monument
Visitez la dernière forêt de séquoias de la région qui n'aie pas été exploitée.
Accès par la route 1 vers le nord, puis Panoramic Highway
T : 415 388-2595
www.nps.gov/muwo

De : *San Francisco, Californie*
À : *Marina, Californie*
Distance : *178 km*

TRAJET ROUTIER

En quittant le camping Candlestick RV Park, revenez sur Guilman Ave. qui devient successivement Hunters Point et Jamestown Ave. Faites 1,2 km (0,7 mi). Tournez à gauche et suivez Harney Rd. sur 1,3 km (0,8 mi). Prenez la bretelle d'accès à la US101 N. (Bayshore Fwy). Suivez la US101 N sur 2,5 km (1,5 mi) jusqu'à l'intersection de l'I-280 SW. Prenez la première sortie à droite et suivez la bretelle pour l'accès à l'I-280 S (John F. Foran Fwy). Suivez l'I-280 sur 10,4 km (6,4 mi) jusqu'à la jonction avec la SR1 (Cabrillo Hwy). À Daly City, prenez la sortie pour la SR1 (Cabrillo Hwy) et suivez cette route sur 160 km (99,4 mi) jusqu'à Marina.

Repérez les sorties 414. Vous arrivez à Marina State Beach. Prenez la sortie pour Reservation Rd. à droite. Faites 500 m (0,3 mi). Tournez à droite sur Dunes Rd. et poursuivez sur 600 m (0,37 mi) jusqu'au camping MARINA DUNES RV PARK.

EN COURS DE ROUTE

Vous pouvez poursuivre sur la Highway 1, route panoramique qui longe le Pacifique. Vous devrez être attentif, car la route est sinueuse.

Si vous décidez de rouler plus à l'intérieur des terres, ne manquez pas de visiter le « berceau » de la Silicon Valley et ses attraits historiques.

SANTA CLARA
Santa Clara University and Mission
Au cœur de l'université de Santa Clara. Visitez le musée et la Mission Santa Clara de Assisi, l'une des 21 missions originales de Californie fondée en 1777.
500 El Camino Real
T : 408 554-4000
www.californiamissions.com/cahistory/santaclara

Intel Museum

Musée de la compagnie Intel, géant de la fabrication des semi-conducteurs et processeurs électroniques.
Ateliers publics et visites.
Robert Noyce Building
2200 Mission College
T : 408 765-0503
www.intel.com/museum

SAN JOSE

Le cœur de San Jose, un pueblo fondé en 1777, est la plus ancienne agglomération coloniale espagnole de Californie. Depuis les années 1980, San Jose possède le titre de capitale de la Silicon Valley.

San Jose Convention and Visitors Bureau

408 Almaden Blvd.
T : 408 295-9600 et 1 800 276-5673
www.sanjose.org

The Tech Museum of Innovation

L'attraction la plus populaire de San Jose. Une visite s'impose pour explorer les dernières découvertes technologiques, de la robotique au génie génétique en passant par la conquête spatiale.
Ouvert tous les jours de 10 h à 17 h.
201 S Market St.
T : 408 294-8324
www.thetech.org

Winchester Mystery House

Propriété de 160 pièces, 2 000 portes, 10 000 fenêtres (!) bâtie par Sarah L. Winchester, veuve du célèbre fabricant d'armes entre 1884 et 1922. L'excentricité et la démesure sont au rendez-vous.
Ouvert de 9 h à 17 h.
525 S Winchester Blvd.
T : 408 247-2101
www.winchestermysteryhouse.com

SARATOGA
Hakone Gardens

Magnifique jardin japonais : jardin zen, bambous, cérémonie du thé, etc. Pour vous y rendre, si vous quittez San Francisco par le sud et la Hwy 280, continuez sur la Hwy 85. Prendre la deuxième sortie sur Saratoga Ave. West
21 000 Big Basin Way
T : 408 741-4994
Hakone@hakone.com
www.hakone.com

L'aviez-vous remarqué ? La carte de la Californie dessine un territoire en forme de boomerang.

BOULDER CREEK

Dans les montagnes au nord de Santa Cruz : accès possible par la Hwy 280, après la visite à Saratoga, ou à partir de la Hwy 1.

Big Basin Redwoods State Park

Le plus vieux parc de la Californie (1902)
Ouvert tous les jours de 6 h à 22 h.
21 600 Big Basin Way
T : 831 338-8860
www.bigbasin.org

ACCÈS AÙ CAMPING RECOMMANDÉ

MARINA DUNES RV PARK

GPS **N 36 42 7; W 121 48 9**

3330 Dunes Drive
Marina, CA 93933

De 50 $US à 80 $US par véhicule
Ouvert toute l'année
88 emplacements : 84 avec 3 services, 4 avec 2 services
Animaux bienvenus

T : 831 384-6914
F : 831 384-0285
info@marinadunesrv.com
www.marinadunesrv.com

À PARTIR DU TERRAIN DE CAMPING

PEBBLE BEACH ET THE 17-MILE DRIVE
Cette route privée (9,25 $/voiture) mène jusqu'à Carmel à partir de la Pacific Grove Gate. Elle traverse des paysages océaniques splendides, avec terrains de golf et plages majestueuses. Plusieurs points de vue comme le Bird Rock et Cypress Point Lookout.

CARMEL
Ancienne station balnéaire, cette paisible communauté un peu bohème et artistique est bâtie sur un magnifique front de mer.

Mission Carmel
La Mission San Carlos Borroméo del Rio Carmelo est l'un des site religieux les plus visités aux États-Unis.
Visite possible du lundi au samedi de 9 h 30 à 17 h.
3080 Rio Road
T : 831 624-1271
www.carmelmission.org

Clint Eastwood a été le maire de Carmel, petite ville de carte postale!

De : Marina, Californie
À : Oceano, Californie
Distance : 257 km

TRAJET ROUTIER

En quittant le camping Marina Dunes RV Park, tournez à gauche sur Dunes Rd., puis à gauche sur Reservation Rd. Prenez la bretelle d'accès à droite pour la SR1 (Cabrillo Hwy). Suivez la route SR1 sur 231 km (143,5 mi) jusqu'à San Luis Obispo. Tournez à droite sur Olive St. pour la bretelle d'accès à la US101 et SR1. Suivez la US101 (El Camino Real) sur 20 km (12,4 mi) jusqu'à Pismo Beach.

À Pismo Beach, prenez la bretelle pour Dolliver St. (Hwy 1) et Pacific Blvd. Suivez Pacific Blvd jusqu'à Pier Ave. Faites 4,7 km (2,9 mi). Tournez à droite sur Pier Ave. Faites 300 m (0,2 mi) jusqu'au camping OCEANO STATE VEHICULAR RECREATION AREA.

EN COURS DE ROUTE

SAN SIMEON
Hearst Castle
Hallucinate propriété sise dans les hauteurs de la « Colline enchantée ». Visites au départ du Visitor Center, près du quai de San Simeon.
Réservation conseillée
T : 805 927-2020 et 1 800 444-4445
www.hearstcastle.com

San Simeon State Park
Vue dégagée du bord de mer à partir de promontoires et belvédères. Plusieurs activités de plein air sont offertes sur place. Situé sur le San Simeon Creek Road.
T : 805 927-2020
www.parks.ca.gov/?page_id=590

ACCÈS AU CAMPING RECOMMANDÉ

 # OCEANO STATE VEHICULAR RECREATION AREA

GPS N 35 6 22; W 120 37 36
Le terrain est situé sur la plage de Pismo Beach

Adresse postale :
928 Pacific Boulevard
Oceano, CA 93445

Ouvert toute l'année
82 emplacements : 42 avec 2 services, 40 sans service
Station de vidange

T : 805 473-7223
www.parks.ca.gov/?page_id=406

À PARTIR DU CAMPING

Vous pouvez éventuellement ajouter à votre voyage la découverte du Yosemite National Park. Ce parc, comme la Vallée de la Mort et la Mojave National Reserve (détails à l'étape 25) fait partie des espaces désertiques américains et parcs nationaux. Ce sont des attraits importants. Vous pourrez y découvrir des paysages renversants et une diversité incroyable d'espèces.

YOSEMITE NATIONAL PARK – prévoir 2 à 3 jours
305 km (190 mi) à l'est de San Francisco.
Immense site naturel couvrant 3 100 km^2 de territoire sauvage. C'est un des parcs américains mythiques avec des falaises gigantesques, des chutes spectaculaires et des séquoias géants. Le principal centre d'accueil des visiteurs possède un musée. Vous pourrez consulter le registre des visiteurs, tel que tenu depuis 1873 ! Si vous avez réservé, vous pourrez effectuer une randonnée guidée. Un service gratuit de navette dessert les points d'intérêt du parc au départ de différents centres d'accueil.

Valley Visitor Center
Northside Drive à Yosemite Valley
T : 209 372-0200
www.nps.gov/yose
www.yosemitepark.com

De : *Oceano, Californie*
À : *Anaheim, Californie*
Distance : *353 km*

TRAJET ROUTIER

En quittant le camping Oceano State Vehicular Recreation Area, revenez sur Pier Ave. Tournez à gauche sur Pacific Blvd. et faites 1,7 km (1 mi). Tournez à droite sur Grand Ave., faites 2,7 km (1,7 mi). Tournez à droite sur El Camino Real, faites 200 m (660 pi). Prenez la bretelle d'accès à la US101 (El Camino Real). Suivez cette route sur 201 km (125 mi) jusqu'à Oxnard. Passez par Los Alamos et Santa Barbara. À Oxnard, suivez les indications pour Oxnard Blvd., SR1. Faites environ 10 km (6,2 mi). Continuez sur SR1 (Pacific Coast Hwy). Dépassez Malibu, gardez la direction Santa Monica. Faites 69 km (42,8 mi) jusqu'à la sortie 1A. À la sortie 1A, prenez l'I10 et faites 25,6 km (15,9 mi.). Tournez à droite sur la SR60 (Pomona Fwy), direction I-5 S (Santa Ana Fwy). Faites 38,8 km (24,1 mi) jusqu'à la sortie 109B.

À Anaheim, prenez la sortie 109B et tournez à gauche sur Disney Way. Tournez ensuite à gauche sur Anaheim Blvd. Après 800 m ('/₂ mi), tournez à gauche sur Midway Dr. Le camping ANAHEIM RESORT RV PARK est à 100 m (330 pi).

◈ EN COURS DE ROUTE

SOLVANG

Visitez ce charmant petit village à saveur danoise. Son architecture et son ambiance vous enchanteront.

Visitors Center
1639 Copenhagen Drive
T : 1 800 468-6765 et 805 688-6144
www.solvangusa.com

Old Mission Santa Inés

Fondée en 1804 par les Franciscains en l'honneur de Sainte-Agnès. Joue un grand rôle spirituel et est active socialement auprès de la communauté. La mission est située sur un magnifique site donnant sur la rivière Santa Ynez et la vallée.
Ouvert tous les jours de 9 h à 16 h 30.
1760 Mission Drive
T : 805 688-4815
office@missionsantaines.org
www.missionsantaines.org

SANTA BARBARA
Station balnéaire. Halte invitante entre San Francisco et Los Angeles. Riche agglomération qui a su préserver et mettre en valeur son patrimoine architectural.

Santa Barbara Tourist Information Center

1 Garden Street
T : 805 965-3021
www.santabarbara.com
www.santabarbara.com/community/visitors_center
www.santabarbara.com/community/visitors_center/sb_visitors_guide.pdf
www.santabarbara.com/community/visitors_center/brochures

Mission Santa Barbara

«Reine des missions» fondée en 1786. On peut visiter les bâtiments convertis en musée, les jardins intérieurs, l'église et l'ancien cimetière.
Ouvert tous les jours de 9 h à 16 h 30.
2201 Laguna Street
T : 1 800 468-6765
T : 805 682-4713
www.sbmission.org

Sundays Arts & Crafts Show

Exposition à ciel ouvert. Festival qui existe depuis 1965. Galerie de dessins, peintures, sculptures, artisanat et photographies d'artistes locaux.
Tous les dimanches et jours fériés de 10 h jusqu'à la nuit.
Le long de Cabrillo Blvd., à l'est de State Street
T : 805 962-8956
www.santabarbara.com/community/art/artshow

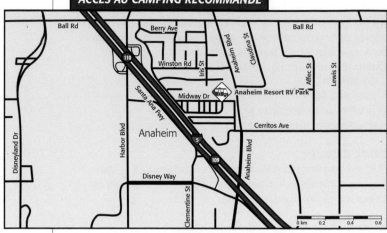

ACCÈS AU CAMPING RECOMMANDÉ

 # ANAHEIM RESORT RV PARK

GPS **N 33 48 45; W 117 54 27**

200 West Midway Drive
Anaheim, CA 92805

De 50 $US à 75 $US pour 2 personnes
Ouvert toute l'année
151 emplacements avec 3 services
Station de vidange
Animaux bienvenus

T : 714 774-3860
F : 714 774-5970
info@anaheimresortrvpark.com et **rvdr@aol.com**
www.anaheimresortrvpark.com

 # POUR PRÉPARER VOTRE VOYAGE

Los Angeles Convention and Visitors Bureau
333 S Hope St.
T : 213 624-7300
T : 213 236-2300 et 1 800.see-myLA
www.discoverLosAngeles.com
www.experiencela.com

Carte de Los Angeles et Hollywood
www.visitcalifornia.com/media/pages/getting_around/maps/
LA_OC_Map.pdf

Anaheim / Orange County Visitors and Convention Bureau
800 W Katella Ave.
T : 714 765-8888
www.anaheimoc.org

Carte de la région d'Anaheim
www.visitcalifornia.com/media/pages/getting_around/maps/
ORANGE-COUNTY.pdf

À PARTIR DU CAMPING

LOS ANGELES

Contrairement à la plupart des métropoles, le centre-ville de Los Angeles ne possède que très peu d'attractions remarquables et originales. Les zones éloignées sont souvent plus intéressantes à visiter. Les environs de Los Angeles sont très attrayants et ça peut être une très bonne idée de suivre des circuits panoramiques en voiture.

Cependant, vous pouvez prévoir une journée de visite en débutant à l'endroit même où la ville a vu le jour, en 1781 : El Pueblo de Los Angeles Historical Monument. À proximité, dans la Sepulveda House, vous trouverez le centre d'accueil des visiteurs.

Dowtown Visitors Center
622 N Main St.
T : 213 628-1274
www.lacity.org

Chinatown
Le quartier chinois est officiellement reconnu depuis 1870. Quadrilatère des rues Cesar Chavez, Spring, Bernard et Yale
www.chinatownla.com

Little Tokyo
Lieu de mémoire et de culture contemporain. Vous pourrez y visiter l'American National Museum, le Japanese American Community and Cultural Center et le Go For Broke Monument. Dans le quadrilatère formé par les rues First, Alamada, 3rd et Los Angeles.
www.experiencela.com/Adventures/LittleTokyo.htm

Dodger Stadium
Consultez le site internet afin de connaitre l'horaire des matchs.
1000 Elysian Park Avenue
T : 323 363-4377
losangeles.dodgers.mlb.com/index.jsp?c_id=la

HOLLYWOOD
Hollywood & Highland Center
6801 Hollywood Blvd.
T : 323 467-6412

Universal Studios Hollywood
170 Universal City Plaza
À l'intersection de Hollywood Fwy (US101) et Lankershim Blvd.
T : 818 622-4455 et 1 800 UNIVERSAL
www.universalstudioshollywood.com

LA CAÑADA FLINTRIDGE
Descanso Gardens
Roses, vivaces et fleurs tropicales. Les sentiers de ce jardin vous charmeront.
Ouvert tous les jours de 9 h à 17 h.
1418 Descanso Drive
T : 818 949-4200
www.descansogardens.org/site

SANTA MONICA
Santa Monica Pier est une belle plage où vous pourrez rencontrer la population locale. Normalement, il s'y tient une fête foraine. Plusieurs petits restaurants et magasins à proximité. Faites attention, il s'agit d'une plage achalandée dès le premier rayon de soleil.

VENICE
Sur Venice Beach, vous trouverez les traditionnels surfeurs. Visitez plusieurs magasins en empruntant la promenade piétonne. Splendide plage.
www.venicebeach.com

BUENA PARK
Knotts Berry Farm
Parc thématique
8039 Beach Boulevard
T : 714 220-5200
www.knotts.com/index2.shtml

Partez à la recherche de votre étoile préférée sur le Hollywood Walk of Fame.

ANAHEIM
Disneyland Park Anaheim
Découvrez la magie de Walt Disney dans différents parcs
thématiques.
1313 South Harbor Boulevard
(par I-5 Disneyland Dr. et Disney Way Exits)
T : 714 781-4565 et 714 520-5060
T : 1 800 Mickey 1
disneyland.disney.go.com

NEWPORT BEACH
Il s'agit d'une plage moins achalandée que Venice Beach. Vous y
trouverez de petits restaurants. Selon la température de l'eau, il
est possible d'apercevoir des dauphins et des phoques.

LONG BEACH
Aquarium of the Pacific
100 Aquarium Way
T : 562 590-3109
www.aquariumofpacific.org

De : *Anaheim, Californie*
À : *San Diego, Californie*
Distance : *140 km*

TRAJET ROUTIER
En quittant le camping Anaheim Resort RV Park, revenez sur Midway et tournez à droite sur Anaheim Blvd., faites 800 m (0,5 mi), puis tournez à droite sur Disney Way et prenez à gauche la bretelle d'accès de l'I-5 (Santa Ana Fwy). Suivez l'I-5 vers San Diego sur 137 km (85,1 mi), jusqu'à la sortie 23.

À la sortie 23, tournez à droite sur Mission Bay Dr., faites 1,4 km (0,8 mi). Tournez à gauche sur De Anza Rd., faites 100 m (330 pi). Suivez les indications pour le camping MISSION BAY RV RESORT.

POUR PRÉPARER VOTRE VOYAGE

Carte des environs de San Diego
www.visitcalifornia.com/media/pages/getting_around/maps/SanDiegoMap.pdf

EN COURS DE ROUTE

OCEANSIDE
Mission San Luis Rey de Francia
4050 Mission Ave.
T : 760 757-3651
www.sanluisrey.org

CARLSBAD
Legoland California
Parc d'attraction
1 Lego Dr.
T : 760 918-5346
www.legoland.com

ENCINITAS
San Diego Botanical Garden
Anciennement Quail Botanical Gardens
Remarquable collection de plantes
230 Quail Gardens Dr.
T : 760 436-3036
info@SDBGarden.org
www.qbgardens.org et www.sdbgarden.org

ACCÈS AU CAMPING RECOMMANDÉ

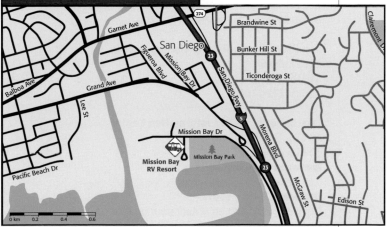

MISSION BAY RV RESORT
GPS N 32 47 52; W 117 12 58

2727 De Anza Road
San Diego, CA 92109

De 40 $US à 90 $US pour 6 personnes
Ouvert toute l'année
260 emplacements avec 3 services
Animaux bienvenus

T : 858 270-4300
T réservations : 1 877 219-6900
F : 858 270-4330

➣➤➤

*Même si vous
ne vous rendez
pas jusqu'au
Mexique, savoir
quelques mots
d'espagnol peut
vous rendre
service.
¡Buenos dia,
señora!*

info@missionbayrvresort.com
comments@missionbayrvresort.com
www.missionbayrvresort.com

À PARTIR DU CAMPING

SAN DIEGO
Charmante ville située près de la frontière mexicaine. Le centre-ville est très agréable et s'impose comme une destination culturelle avec ses musées et son zoo.

San Diego Convention & Visitors Bureau
2215 India St.
San Diego
T : 619 232-3101

International Visitor Information Center
1040 1/3 W Broadway
T : 619 236-1212
www.sandiego.org

Old Town Trolley Tours
Explorez San Diego en optant pour un tour sur un thème particulier. Plusieurs excursions et visites guidées thématiques vous feront découvrir les nombreux attraits touristiques.
4010 Twiggs St.
T : 1 800 213-2474 ou 1 800 868-7482 et 619 298-8787
www.historictours.com
www.trustedtours.com/store/Old-Town-Trolley-San-Diego-C182.aspx

Old Town San Diego State Historic Park
Visitez ce parc historique où les employés sont habillés en costume d'époque.
San Diego Avenue et Twiggs Street
T : 858 220-5422
www.parks.ca.gov

San Diego Harbor Excursions
Vivez cette expérience extraordinaire qui vous fera découvrir des baleines, des dauphins et les Coronados Islands.
1050 North Harbor Drive
T : 408 754-5332
**www.buysandiegotours.com/tours/
nature_cruise_coronado_island_sd_harbor_excur.html**

Balboa Park
1549 El Prado
T : 619 239-0512
www.balboapark.org

Zoo de San Diego
Prenez le temps de découvrir le fameux zoo de San Diego, reconnu pour ses immenses efforts de conservation et d'éducation. Ouvert tous les jours de 9 h à 17 h.
2920 Zoo Drive au Balboa Park
T : 619 231-1515
www.sandiegozoo.org

San Diego Natural History Museum
Fondé en 1874 par des naturalistes, il s'agit de la seconde institution active la plus âgée du sud de la Californie. Le musée se voue à l'interprétation des sciences naturelles par la recherche et l'éducation.
Ouvert tous les jours de 9 h à 17 h.
1788 El Prado
T : 619 232-0248
www.sdnhm.org

Maritime Museum
Découvrez une des plus belles collections de bateaux historiques restaurés.
1492 North Harbor Drive
T : 619 234-9153
www.sdmaritime.com

SeaWorld de San Diego
500 Sea World Dr. à Mission Bay's
T : 619 226-3901 et 1 800-25 SHAMU
www.seaworld.com/sandiego

Le panda, espèce menacée, est l'attraction principale du zoo de San Diego.

De : San Diego, Californie
À : Yermo, Californie
Distance : 299 km

TRAJET ROUTIER

En quittant le camping Mission Bay RV Resort, tournez à gauche sur De Anza Rd., puis à droite sur N Mission Bay Dr. Faites 1,4 km (0,8 mi). Tournez à gauche (le virage est en U) pour Mission Bay Dr. Faites 1,7 km (1 mi) jusqu'à Garnet Ave. Tournez à droite sur Garnet Ave. qui devient Balboa Ave. Faites 7,4 km (4,6 mi). Dépassez Cabrillo Fwy et continuez jusqu'à Kearny Villa Rd. Tournez à gauche et faites 200 m (660 pi). Prenez à gauche la bretelle d'accès SR163 (Cabrillo Fwy) ; faites 4,7 km (2,9 mi) et suivez les indications pour l'I-15 N (Escondido Fwy). Prenez l'I-15 N, et faites 82,5 km (51,2 mi) sur cette route qui change de nom plusieurs fois. Continuez ensuite sur l'I-215 (Escondido Expy), faites 56,3 km (35 mi) puis prenez l'I-15 (Barstow Fwy). À l'intersection de l'I-40 restez sur l'I-15. Faites encore 107,3 km (66,6 mi) jusqu'à la sortie pour Daggett Yermo Rd. (Ghost Town Rd.).

En arrivant à Yermo, prenez à gauche sur Ghost Town Rd. Faites 5,3 km (3,3 mi) jusqu'au camping CALICO GHOST TOWN CAMPGROUND.

📖 POUR PRÉPARER VOTRE VOYAGE

Carte de la région Inland-Empire, autour de San Bernardino
www.visitcalifornia.com/media/pages/getting_around/maps/INLAND-EMPIRE.pdf

Carte de Deserts Region
www.visitcalifornia.com/media/pages/getting_around/maps/DESERTS.pdf

*Me revoilà !
Et vous,
comment
ça va ?*

Parcs nationaux
www.nps.gov

Laissez-passer dans les parcs
Accès annuel pour tous les parcs : 80 $
store.usgs.gov/pass

EN COURS DE ROUTE

ESCONDIDO
San Diego Wild Animal Park
15 500 San Pasqual Valley Rd.
T : 760 747-8702
www.wildanimalpark.org

RIVERSIDE
Riverside Mission Inn
Cloches, vitraux, statues, autel, artefacts datant de 1902
3696 Main Street
T : 909 788-9556
www.missioninn.com

REDLANDS
Historic Glass Museum
Exposition de verrerie datant de 1800 à nos jours
Au nord-est de Riverside
1157 N Orange St.
T : 909 788-9656
historicalglassmuseum.com

Si ce n'est déjà fait, apprenez par cœur les données techniques essentielles de votre VR. GVW, GVWR, GAWR, hauteur, largeur, et plus encore !

ACCÈS AU CAMPING RECOMMANDÉ

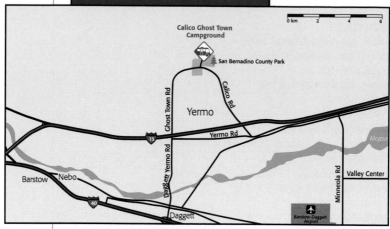

 CALICO GHOST TOWN CAMPGROUND

GPS N 34 56 42; W 116 51 52

San Bernardino County Park
36 600 Ghost Town Road
Yermo, CA

Adresse postale
P.O. Box 638
Yermo, CA 92398

De 25 $US à 30 $US par équipage
Ouvert toute l'année
265 emplacements : 46 avec 3 services, 58 avec 2 services,
161 sans service
Station de vidange
Animaux bienvenus ($)

T : 760 254-2122 et 1 800-TO-CALICO
F : 760 254-2047
calico@msncomm.com
Réservations : **www.sbcountyparks.com**
www.calicotown.com
www.co-san-bernardino.ca.us/parks

À PARTIR DU CAMPING

CALICO
Calico Ghost Town
Village minier reconstitué. Fondé en 1881 avec la découverte de minerai d'argent. Vous pouvez visiter Maggie's Mine.
Ouvert tous les jours de 9 h à 17 h.
36 600 Ghost Town Rd., par l'I-15
T : 760 254-2122
www.calicotown.com

BARSTOW
Rainbow Basin National Natural Landmark
Site exceptionnel. Rochers de différentes couleurs, fossiles et minéraux.
T : 760 252-6000

BAKER
Si vous ne voulez pas faire une visite en profondeur de la Mojave National Reserve, arrêtez-vous aux abords de ce fameux parc à la faune et à la flore désertique. L'I-15 vous permettra d'observer de magnifiques paysages.

MOJAVE NATIONAL RESERVE ET DEATH VALLEY NATIONAL PARK
(Prévoir au moins 1 à 2 journées pour chaque parc.)
Les espaces naturels sont les plus beaux attraits de votre voyage dans cette région. Il est impossible aux autocaravanes de se rendre dans ces 2 parcs mais la plupart des attraits sont accessibles en voiture ! La randonnée pédestre y est l'activité la plus répandue. Il est indispensable de se préparer pour ces excursions et de prévoir les arrêts pour faire provision d'eau.

Mojave National Reserve
Ce parc réunit trois déserts, celui de Sonora, de Great Basin et de Mojave. Créé en 1994, cette réserve offre des paysages de dunes, de cônes volcaniques et de forêts. On y trouve aussi de nombreuses mines abandonnées. Vous pouvez profiter des sentiers de randonnée et des conseils et cartes fournis par les Rangers. Les visites partent de Baker, sur l'I-15, à l'est de Yermo. L'entrée au parc est gratuite.

Kelso Depot

Situé à 55 km au sud de Baker à l'intérieur de la réserve. Veuillez noter que les routes ne sont pas toutes asphaltées. La traversée peut parfois être longue, selon le type de véhicule. Vous pourrez visiter quelques expositions traitant de la culture et de l'histoire naturelle de cette réserve. Centre d'accueil ouvert tous les jours de 9 h à 17 h.

T : 760 252-6100 et 760 252-6108

www.nps.gov/moja/planyourvisit/visitorcenters.htm

Death Valley National Park (Vallée de la Mort)

Un large éventail d'attraits touristiques dans des panoramas exceptionnels. C'est le plus chaud et le plus sec des déserts américains ! Assurez-vous que le parc est accessible et également que la chaleur n'y est pas excessive. Le principal centre d'accueil des visiteurs est à Furnace Creek, véritable oasis. Si vous n'avez pas le Golden Park Pass (America the Beautiful) vous pouvez acheter votre billet et payer les droits d'entrée à l'entrée du parc. Ce billet est valide 7 jours. Ne manquez pas de voir le Devil's Hole, les attractions à Furnace Creek (Borax Museum et Furnace Creek Inn) et un arrêt à Dante's View. Accès au nord-ouest de Yermo, par l'I-15 N, puis à Death Valley Junction par la route 190.

Furnace Creek

Visitor Center/Death Valley Museum

Obtenez tous les renseignements sur l'histoire, le climat et la faune du parc. Des guides sont également à votre disposition.

T : 760 786-3200

www.nps.gov/deva

Beatty

Village fantôme à proximité du parc de la Vallée de la Mort. Site historique de Rhyolite, maison construite avec des bouteilles, gare, ruines, etc. On s'y rend également à partir de Las Vegas, par le nord-ouest et l'I-95.

T : 775 553-2424

De : *Yermo, Californie*
À : *Las Vegas, Nevada*
Distance : *236 km*

TRAJET ROUTIER

En quittant le camping Calico Ghost Town Campground, tournez à droite sur Ghost Town Rd. Suivez le sens unique et faites le virage en U jusqu'à Calico Rd. (800 m / 0,5 mi). Tournez à gauche sur Calico Rd. et faites 4,9 km (3 mi) jusqu'à l'I-15. Prenez à gauche la bretelle d'accès pour l'I-15 et faites 163,3 km (101,4 mi) sur cette route. Vous entrez dans l'état du Nevada. Continuez sur l'I-15 sur 65 km (40,4 mi) jusqu'à la sortie 40. Prenez la sortie 40 et tournez à droite sur Sahara Blvd., faites 0,8 km (0,5 mi).

Vous êtes à Las Vegas. Prenez la première sortie pour South Bridge Lane à 300 m (1000 pi). Tournez à gauche sur Industrial Rd. et faites 500 m (0,3 mi). L'entrée du camping est à votre gauche. Suivez les panneaux pour vous rendre à la réception du camping LAS VEGAS KOA AT CIRCUS CIRCUS.

EN COURS DE ROUTE

Le Nevada

Bienvenue dans l'état du Nevada, où notre seule étape sera Las Vegas. Le Nevada est l'état le plus aride des États-Unis. Les précipitations venant du Pacifique sont arrêtées par la Sierra Nevada à l'ouest et les rivières finissent en lacs ou s'assèchent avant même de voir l'océan. La partie où se trouve Great Basin constitue une région d'altitude élevée, tandis que le centre est occupé par un espace semi-aride et herbagé et que le sud fait partie du désert de Mojave. Près de la moitié de la population de l'état demeure dans les seules villes de Reno et Las Vegas.

POUR PRÉPARER VOTRE VOYAGE

Nevada Commission on Tourism
www.travelnevada.com

Las Vegas Convention and Visitors Authority
Commandez votre pochette d'information gratuite ou obtenez sur place tous les renseignements touristiques, brochures et cartes.
3150 Paradise Rd.
Las Vegas
T : 702 892-0711 ou 1 877 847-4858
www.visitlasvegas.com

ACCÈS AU CAMPING RECOMMANDÉ

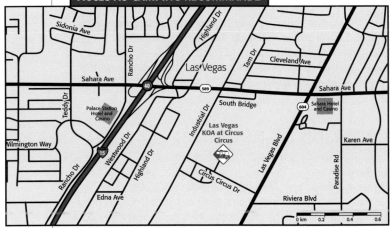

LAS VEGAS KOA AT CIRCUS CIRCUS

GPS N 36.1395 W 115.1649

500 Circus Circus Drive
Las Vegas, NV 89109

De 57 $US à 120 $US pour 2 personnes
Ouvert toute l'année
393 emplacements : 359 avec 3 services, 13 avec 2 services, 21 sans service
Animaux bienvenus

►►►

T : 702 733-9707
T réservations : 1 800 562-7270
F : 702 696-1358
lasvegas@koa.net
www.koa.com/where/nv/28138
www.circuscircus.com

À PARTIR DU CAMPING

LAS VEGAS
Las Vegas, dans le sud de l'état, est logée dans une cuvette bordée de massifs désertiques et constitue la plus grande attraction du Nevada. La ville a été fondée au milieu du 19e siècle par des Mormons. Dans les années 1900, elle servait simplement de halte à des aventuriers ou à des marchands se rendant vers l'Ouest. Ce n'est qu'après son raccordement au réseau ferroviaire, au début du 20e siècle, qu'elle a commencé à prendre son essor. Mais, sans l'approvisionnement en eau et électricité, résultat de la construction du barrage hydroélectrique Hoover Dam et la création d'un lac artificiel déviant le cours du Colorado, le miracle de cette oasis n'existerait probablement pas.

Réputée ville du jeu, Las Vegas s'est transformée peu à peu en parc d'attraction et plus encore en station de tourisme multidimensionnelle et capitale mondiale du divertissement. Casinos et hôtels bordant l'avenue principale, surnommée *The Strip*, se livrent une lutte sans merci pour attirer la clientèle.

Casinos et hôtels
Notre sélection d'attractions est donnée à titre purement indicatif. La liste est établie en suivant un itinéraire du sud au nord de la *Strip*, en partant du fameux panneau *Welcome to fabulous Las Vegas*.

NEW YORK, NEW YORK
Statue de la Liberté, pont de Brooklyn, montagnes russes du Manhattan Express, etc.
3790 Las Vegas Boulevard South
T : 1 800 689-1797 et 1 800 693-6763
www.nynyhotelcasino.com

MGM GRAND
Casino extravagant. Très vaste complexe hôtelier : restaurants
The Lion Habitat, Hollywood Theatre, Studio 54, etc.
Au Grand Theater, voyez le spectacle KA, du Cirque du Soleil
3799 Las Vegas Boulevard South
T : 702 891-1111 et 1 800 929-1111
www.mgmgrand.com

PARIS
Style français à l'intérieur et à l'extérieur, tour Eiffel, Arc de
triomphe, l'Opéra et les rues mal famées, l'art nouveau, etc.
3655 Las Vegas Boulevard South
T : 1 877 603-4386 et 1 888-BONJOUR
www.parislasvegas.com

Eiffel Tower Experience
Ne manquez pas la vue du seul point de vue romantique de Las
Vegas. Vous serez alors à 140 m au-dessus de la vie animée de
la *Strip*.
T : 702 946-7000

BELLAGIO
Hall d'entrée de fleurs de verre soufflé, jardin botanique et magnifique spectacle gratuit où l'eau et la lumière sont à l'honneur.
3600 Las Vegas Boulevard South
T : 702 693-7111 et 1 888 987-3456
www.bellagio.com

VENETIAN
Superbe décor extérieur avec gondole le long de la réplique
d'un canal de Venise.
3355 Las Vegas Boulevard South
T : 702 414-1000, 702 414-4300 et 1 888 283-6423
www.venetian.com

Madame Tussaud's Wax Museum
Statues de cire grandeur nature de célébrités.
T : 702 862-7800
www.mtvegas.com

Guggenheim Hermitage Museum
Chefs-d'œuvre provenant de la prestigieuse collection de
Saint-Pétersbourg.

THE MIRAGE
Tous les soirs, de 19 h à minuit, un volcan entre en éruption toutes les 15 minutes ! Un magnifique aquarium de 75 700 L (20 000 gal) orne l'Atrium.
3400 S Las Vegas Boulevard
T : 702 791-7111
www.mirage.com

Siegfried & Roy's Secret Garden and Dolphin Habitat
Un spectacle à ne pas manquer.
T : 702 791-7188
www.miragehabitat.com

TREASURE ISLAND
Spectacle extérieur gratuit de combat naval avec pirates, son et lumière, à voir également de l'intérieur.
3300 Las Vegas Boulevard South
T : 702 894-7111 et 1 800 944-7444
www.treasureisland.com

CIRCUS CIRCUS
Situé juste derrière le terrain de camping recommandé Las Vegas KOA at Circus Circus. Paradis des montagnes russes. L'achat d'un bracelet vous donne droit à un nombre illimité de tours.
2800 Las Vegas Blvd.
T : 1 800 634-3450
www.circuscircus.com

Autres attractions à Las Vegas et dans les environs

The Liberace Foundation and Museum
Hommage au célèbre pianiste. Temple du kitsch et du farfelu.
Au 1775 E Tropicana Ave.
T : 702 798-5595
www.liberace.org

BOULDER CITY

Hoover Dam and Hoover Dam Visitor Center

À 55 km au sud-est de Las Vegas, Hoover Dam est sans doute une des merveilles modernes du pays. Le barrage a été construit au cours des années 1930 sur la rivière Colorado, tant pour le contrôle de son débit qu'à des fins d'irrigation et de production hydroélectrique. Le lac Mead, lac de retenue du barrage, est le plus grand lac artificiel du monde. Un lieu très touristique où l'on vient camper, faire du bateau, pêcher ou tout simplement profiter de la fraicheur en été. Ouvert tous les jours de 9 h 30 à 17 h 30. T : 702 494-2517

www.sunsetcities.com/hoover-dam/hoover-dam-tour-information.html
www.usbr.gov/lc/hooverdam

Le point le plus haut du Nevada est le Boundary Peak à 4 005 m.

De : Las Vegas, Nevada
À : Springdale, Utah
Distance : 261 km

TRAJET ROUTIER

En quittant le camping Las Vegas KOA at Circus Circus, tournez à droite sur Industrial Rd. et passez sous Sahara Ave. Tournez à droite sur North Bridge Street. Gardez la droite pour Tam Dr. et puis accédez à Sahara Ave. et poursuivez jusqu'à l'I-15 N. Prenez la bretelle à droite pour l'accès à l'I-15 N. Vous allez traverser (sur 46,6 km / 29 mi seulement !) l'état de l'Arizona et entrer dans l'état de l'Utah. Suivez l'I-15 sur 206,6 km (128,3 mi) jusqu'à la sortie 16. Prenez la sortie 16 et suivez la SR9 (State St.) sur environ 19,8 km (12,3 mi). À La Verkin, tournez à droite et continuez sur la SR9 jusqu'à Springdale (31 km / 19,2 mi).

À Springdale, tournez à droite sur Lion Blvd. Faites 250 m (825 pi) et suivez les indications routières jusqu'au camping ZION CANYON CAMPGROUND.

POUR PRÉPARER VOTRE VOYAGE

Le nom d'Utah est dérivé du mot amérindien « Ute » signifiant « peuple des montagnes ». L'Utah, entièrement situé dans les Rocheuses, est connu pour sa grande diversité géologique, avec des montagnes enneigées, des vallées aux fortes rivières et des déserts arides aux formations géologiques spectaculaires. Un des emblèmes de cet état est une arche naturelle située dans le parc national des Arches. Cinq des plus grands parcs nationaux américains sont regroupés dans le sud de l'Utah. Avec ses paysages tenant du mythe et stéréotypés par les westerns, l'Utah est donc une destination touristique par excellence.

La densité de population dans cet état est extrêmement faible et sa population est concentrée dans les agglomérations qui bordent le Great Salt Lake.

L'Utah est connu pour sa forte communauté mormone, en faisant un des états américains le plus homogènes religieusement. Les pionniers mormons ont d'ailleurs été parmi les premiers colons à s'installer dans la région en 1847. L'Utah est également un centre pour la technologie de l'information, le transport et les mines.

Vous venez de changer de fuseau horaire. En Utah, vous pénétrez dans la zone appelée Mountain Time (GMT-7). Avancez votre montre d'une heure !

Arrivant par le sud, nous découvrons en premier le parc national de Zion, une nature sculptée de gigantesques canyons et de sublimes formations géologiques.

PARCS NATIONAUX EN UTAH
Arches
T : 435 259-8161
www.nps.gov/arch

Bryce Canyon
T : 435 834-5322
www.nps.gov/brca

Canyonlands
T : 435 259-7164
www.nps.gov/cany

Capitol Reef
T : 435 425-3791
www.nps.gov/care

Zion National Park
T : 435 772-3256
www.nps.gov/zion

INFORMATION TOURISTIQUE

Utah Office of Tourism
T : 801 538-1900 et 1 800 200-1160
www.utah.travel
T : 1 800 UTAH-FUN
www.office-tourisme-usa.com/tourisme-utah2.php

Office of Museum Services
www.museums.utah.gov

Guides touristiques gratuits
www.utah.com/visitor/contact_us/info_request.htm

Utah Departement of Transportation
T : 511, 801 965-4000 et 1 866 511-UTAH
www.udot.utah.gov

Êtes-vous gentile ? C'est ainsi que l'on désigne les non-mormons, dans le langage des disciples de l'église de Jésus-Christ des Saints des Derniers Jours.

Description des routes panoramiques
www.utah.com/byways

Cartes en ligne
www.ccnationalparks.com/zion

EN COURS DE ROUTE

OVERTON
Valley of Fire State Park Visitor Center
Plusieurs expositions présentent la géologie, l'écologie et l'histoire de la région. Notez que la route 169 que vous devrez emprunter est payante.
Ouvert tous les jours de 8 h 30 à 16 h 30.
T : 702 397-2088
parks.nv.gov/vf.htm

ACCÈS AU CAMPING RECOMMANDÉ

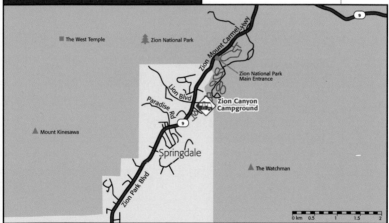

ZION CANYON CAMPGROUND

GPS **N 37-11-37; W 112-59-33**

479 Zion Park Boulevard
Springdale, UT 84767

30 $US pour 2 personnes
Ouvert toute l'année
205 emplacements : 105 avec 3 services, 20 avec 2 services,
80 sans service
Animaux bienvenus

T : 435 772-3237
F : 435 772-3844
info@zioncamp.com
www.zioncamp.com et **www.zioncanyoncampground.com**

 # À PARTIR DU CAMPING

SPRINGDALE
Zion National Park Visitor Center
Spectaculaire, accessible et merveilleux, ce parc est l'endroit le
plus recherché de l'Utah, accueillant plus de 2,5 millions de visiteurs par année. Plusieurs restrictions s'appliquent aux VR en ce
qui a trait à l'accès à ce parc. Nous recommandons donc d'utiliser
les navettes qui sont mises à votre disposition.
Renseignements pour les navettes
T : 435 772-0312

Zion Canyon Visitors Bureau
L'entrée du parc est accessible par Springdale par la UT-9.
Ouvert tous les jours de 8 h à 20 h.
Droits d'entrée
T : 1 888 518-7070 et 435 772-3256
rayj@zionparkinn.com
www.parcs.net/zion

Le meilleur moyen de visiter ce magnifique parc est sans conteste la randonnée pédestre.

POINTS D'INTÉRÊT
Angels Landing Trail
Randonnée d'une journée avec des dénivelés de 500 m ; vue spectaculaire sur le Zion Canyon.

Emerald Pool Trail
Randonnée très populaire d'une journée à travers la forêt d'érables et de chênes vers les bassins d'émeraude.

Canyon Overlook Trail
Randonnée plaisante et légère qui se terminera par la vue sur la partie inférieure du Zion Canyon.

Great White Throne
Point de repère très célèbre accessible avec la navette du Zion Canyon.

Temple of Sinawana
Accessible par la Zion Narrows pour les randonneurs plus aventureux. Il vous faudra une bonne paire de chaussures de marche afin de parcourir les 25 km de sentier. Passage obligé dans la rivière (très glissant).

Riverside Walk
Randonnée de 3 km aller-retour sur une route goudronnée jusqu'au Zion Canyon et au départ de la Zion Narrows.

De : *Springdale, Utah*
À : *Bryce, Utah*
Distance : *215 km*

TRAJET ROUTIER

En quittant le camping Zion Canyon Campground, revenez par la route empruntée à l'arrivée (Lion Blvd.) et tournez à gauche sur la SR9. Suivez la SR9 (Zion Park Blvd.) sur 31,6 km (19,6 mi) jusqu'à l'intersection de la SR17 à La Verkin. Tournez à droite sur la SR17 (State St.) et faites 9,5 km (5,9 mi) jusqu'à l'intersection de l'I-15. Prenez la bretelle à droite pour l'I-15 et poursuivez sur 47 km (29,2 mi) jusqu'à la sortie 57. Prenez la sortie 57 et suivez l'I-15 Bus. Faites 4,1 km (2,5 mi) jusqu'à l'intersection de la SR14 dans la ville de Cedar Creek. Tournez à droite sur la SR14 (Cedar Canyon) et parcourez 65 km (40,3 mi) jusqu'à l'intersection de la US89. Tournez à gauche sur la US89 et faites 33,3 km (20,7 mi) jusqu'à l'intersection de la SR12. Tournez à droite sur la SR12. Faites 21,8 km (13,5 mi) jusqu'à l'intersection de la SR63.

Tournez à droite sur la SR63. Faites 2,8 km (1,7 mi) jusqu'au camping RUBY'S INN RV PARK & CAMPGROUND.

À NOTER : TUNNEL SUR LA SR9

La route SR9 qui relie Springdale à Bryce en passant par Mount Carmel possède un tunnel. C'est la raison pour laquelle nous indiquons un trajet routier différent. Les véhicules qui dépassent 7 pi 10 po de largeur, 11 pi 4 po de hauteur et 40 pi de longueur (50 pi pour 2 véhicules : tracteur plus caravane) doivent être escortés pour l'emprunter. Ils roulent alors au centre du tunnel et la circulation en sens inverse est interrompue. Un péage de 10 $ est exigé. Les VR dont la hauteur dépasse 13 pi sont interdits. Les heures normales de circulation sont entre 8 h et 20 h, de mars à octobre. À d'autres heures et dates, appelez au 435 772-3256 pour obtenir cette escorte.

Les petits véhicules peuvent utiliser la route SR9 (et le tunnel) jusqu'à Mount Carmel et devront par la suite tourner à gauche sur la US89 pour se rendre à Bryce.

Pour le trajet recommandé, soyez néanmoins prudents, car la route est très montagneuse et quelquefois sans protection. Les paysages y sont à couper le souffle !

EN COURS DE ROUTE

CEDAR CITY
Cedar City Headquarters
Avant de vous aventurer dans le Dixie National Forest, nous vous conseillons d'effectuer un arrêt à Cedar City afin de recueillir de plus amples renseignements.
T : 435 586-9451
www.cedarcity.org

DIXIE FOREST
Découvrez ce parc haut en couleur avec ses fleurs sauvages. En raison de l'érosion, vous pourrez voir le magnifique paysage composé de roche calcaire aux couleurs vives. Accès à 29 km (18 mi) de Cedar City; quittez la UT-14 pour suivre la route 148 sur 6 km (3,7 mi).

Cedar Breaks National Monument Visitor Center
Ouvert tous les jours de 8 h à 18 h.
T : 435 586-0787
parks.nv.gov/vf.htm

Markagunt High Plateau
Combinaison de forêt alpine et de grès typique du Sud-Ouest. Le plateau est accessible en poursuivant sur la Highway 14.

Red Canyon
Il s'agit d'un secteur boisé datant de plus de soixante millions d'années et parsemé de magnifiques rocs rouges. Il est situé sur la Highway 12.

ACCÈS AU CAMPING RECOMMANDÉ

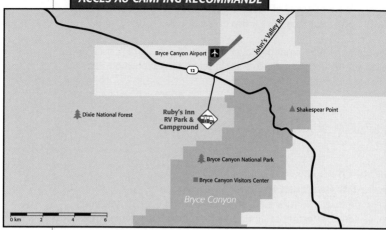

 RUBY'S INN RV PARK & CAMPGROUND

GPS **N 37 40 05; W 112 09 30**

1280 S State Anderson
Bryce, UT 84764

P.O. Box 640022
Bryce, UT 84764

De 28 $US à 31 $US pour 2 personnes
Ouvert du 1er avril au 31 octobre
228 emplacements : 114 avec 3 services, 14 avec 2 services,
100 sans service
Station de vidange
Animaux bienvenus

T : 435 834-5301
T réservations : 1 866 866-6616
F : 435 834-5481
rvpark@rubysinn.com
www.rubysinn.com
www.brycecanyoncampgrounds.com

À PARTIR DU CAMPING

BRYCE
Bryce Canyon National Park
Contrairement à ce que le nom suggère, il ne s'agit pas d'un canyon, mais plutôt d'une douzaine d'amphithéâtres à la géologie unique. Plusieurs activités vous seront proposées sur place. Vous pouvez monter à bord des navettes pour effectuer vos visites à l'intérieur du parc.
Prenez la UT-12 et ensuite la UT-63, le Visitor Center est situé à 2,5 km (1,5 mi) des limites du parc (au nord).
Ouvert tous les jours de 8 h à 20 h.
Droits d'entrée
T : 435 834-5322
www.nps.gov/brca

VISITES SUGGÉRÉES

Bryce Point
Les centaines de cheminées de fées (*hoodoos*) confèrent une beauté magique à cet endroit. Empruntez le sentier qui mène à l'amphithéâtre naturel et soyez subjugués, comme des millions de touristes avant vous, par le « Peuple de la Légende » figé dans la pierre.

Inspiration Point
Point de vue idéal pour observer le lever du soleil sur les magnifiques rochers rouges.
www.nps.gov/brca/planyourvisit/inspiration.htm

Sunset Point
Offre l'une des vues les plus célèbres de Bryce Canyon. Observation des oiseaux.
www.nps.gov/brca/planyourvisit/sunset.htm

Rainbow Point
Vous y trouverez le point le plus élevé du parc à 2774 m (9 100 pi). Vous pourrez observer la variété de résineux qui composent la forêt.
www.nps.gov/brca/planyourvisit/rainbowyovimpa.htm

Yovimpa Point
Vous pourrez avoir un très bon point de vue sur les différentes couches de rocs composant le Grand Staircase.
www.nps.gov/brca/planyourvisit/rainbowyovimpa.htm

Paria View

C'est sur ce site que les derniers rayons du soleil couchant se posent.

www.nps.gov/brca/planyourvisit/paria.htm

Natural Bridge

Il s'agit d'un point de vue particulier sur un rocher en forme d'arche.

www.nps.gov/brca/planyourvisit/naturalbridge.htm

Le point le plus haut de l'Utah est le Kings Peak, à 4 123 m.

De : *Bryce, Utah*
À : *Hanksville, Utah*
Distance : *255 km*

TRAJET ROUTIER
En quittant le camping Ruby's Inn RV Park &
Campground, revenez sur la SR63. Faites 2,8 km
(1,7 mi) jusqu'à l'intersection de la SR12. Tournez à
droite sur la SR12 et poursuivez sur 102 km (63,4 mi)
en passant par Escalante. Faites encore 46,6 km
(28,9 mi) jusqu'à Torrey, à l'intersection de la SR24. Tournez à
droite sur la SR24. Faites 75,6 km (47 mi) jusqu'à Hanksville.

**À Hanksville, le camping RED ROCK CAMPARK est à votre
gauche.**

EN COURS DE ROUTE

La route panoramique 12 qui débute à Bryce Canyon et finit à
Torrey (Capitol Reef Park) fait partie des 25 plus belles routes
des États-Unis. Cette succession de plateaux et de paysages
gigantesques donne l'impression de faire un survol en avion
au-dessus d'une mer de rochers multicolores. Le point de vue
est véritablement fantastique.

Grand Staircase-Escalante National Monument
Le site de Grand Staircase-Escalante est le plus récent des
National Monuments américains. Il s'étend sur une superficie de
6 900 km². Il a été créé le 18 septembre 1996 par Bill Clinton.
C'est la plus grande étendue des États-Unis protégée par l'état
fédéral après le parc national de Yellowstone. Sa création rend
ses ressources inaccessibles aux industries minières et protège
ses beautés naturelles.

Ce territoire situé sur le plateau du Colorado jouxte trois parcs
nationaux fort différents : Kodachrome Basin, près de Cannonville,
qui recèle un ensemble de reliefs très colorés et des colonnes
rocheuses exceptionnelles; Escalante State Park, à la sortie ouest
du village du même nom, protège une forêt pétrifiée; finalement
à Boulder, l'Anasazi Indian Village State Park et son musée mon-
trent les vestiges d'une des civilisations dont descendent les
modernes Pueblos.
www.ut.blm.gov/monument

ESCALANTE
Escalante Interagency Visitor Center
Expositions, murales, photographies, diaporamas sur les thèmes de l'écologie et de la biologie. Une carte topographique en relief vous donne une vue globale sur le « Monument ».
55 W Main
T : 435 826-5499

CANNONVILLE
Visitor Center
Expositions et animations sur la thématique de la géographie humaine.
10 Center St.
T : 435 826-5640

BOULDER
Anasazi State Park
Visitez le musée et le village dont les fouilles ne sont encore que partiellement effectuées. L'ancien village amérindien témoigne de la présence de la plus grande communauté Anasazi sur ce territoire à l'ouest du Colorado, il y a quelque 800 ans. De nombreux artefacts ont été extraits des récentes fouilles et sont exposés dans le tout nouveau musée.

Anasazi State Park Information
T : 435 335-7308

Anasazi State Museum
460 N Highway 12
T : 435 335-7382
www.utah.com/stateparks/anasazi.htm

TORREY
Capitol Reef National Park
Ce parc est situé à proximité de la tumultueuse rivière Fremont. Les Amérindiens ont chassé les animaux et cultivé le sol de cette région isolée mais luxuriante pendant plus de mille ans et, plus tard, les pionniers mormons s'y sont installés pour élever leurs familles.

Cartes et indications en français :
www.nps.gov/care/planyourvisit/upload/french.pdf

Visitor Center

Plusieurs sentiers pédestres sont à votre disposition ainsi que des aires de piquenique. Vous pourrez également prendre le temps d'observer la faune dans son habitat. Ouvert tous les jours de 8 h à 16 h 30. Accès par Fruita, sur la SR24 après Torrey.
T : 435 425-3791, poste 111
www.nps.gov/care

ACCÈS AU CAMPING RECOMMANDÉ

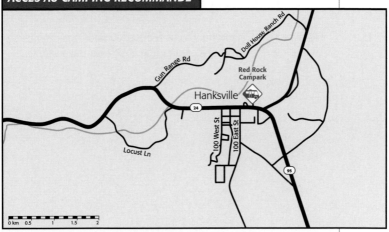

RED ROCK CAMPARK

GPS **N 38 22 32; W 110 42 31**

226 East 100 North (Hwy 24)
Adresse postale
P.O. Box 55
Hanksville, UT 84734

18 $US pour 2 personnes
Ouvert du 15 mars au 31 octobre
56 emplacements : 41 avec 3 services, 15 sans service
Animaux bienvenus ➤➤➤

T : 435 542-3235
T et F réservations : 1 800 452-7971
F : 435 542-3235
redrock@hanksville.com
www.Hanksville.com
www.redrockcampground.net

 ## À PARTIR DU CAMPING

Réservez cette étape pour vous reposer ou pour organiser les visites ou séjours dans les parcs que vous allez traverser !

De : *Hanksville, Utah*
À : *Moab, Utah*
Distance : *321 km*

TRAJET ROUTIER

En quittant le camping Red Rock Campark, revenez à
la SR24 (100 N St.) Tournez à gauche sur la SR24 puis
à droite sur la SR95. Suivez la SR95 SE. Après 51 km
(31,6 mi), vous traversez Three Forks. Continuez sur
la SR95SE et faites encore 96 km (59,6 mi) jusqu'à
l'intersection de la SR275. Ici, un arrêt est recommandé au
Natural Bridge Visitor Center. Pour s'y rendre, tournez à gauche
sur la CR275. Le trajet est d'environ 15 km (9,3 mi) aller-retour.
Une fois revenu sur la SR95, faites 48 km (29,8 mi) jusqu'à
l'intersection de la US191. Tournez à gauche sur la US191
et faites 125 km (77,6 mi) jusqu'à Moab.

**À Moab, le camping CANYONLANDS CAMPGROUND est sur
votre droite.**

EN COURS DE ROUTE

NATURAL BRIDGES NATIONAL MONUMENT

Natural Bridges se situe sur les hauteurs de Cedar Mesa, à
1982 m au-dessus du niveau de la mer. Des courants épiso-
diques ont tracé deux grands canyons et créé trois ponts massifs
en grès, sur ce qui fut un jour la côte d'une ancienne mer.
Chaque pont naturel porte un nom (Sipapu, Katchina et
Qwachomo). Un long chemin de méandres au fond des canyons
à travers les bosquets de chênes et de peupliers réunit les trois
ponts dans un grand circuit de randonnée pédestre. Sur le site
Horsecollar Ruin Overlook, vous pourrez également observer de
très beaux exemples « d'architecture naturelle ».

Visitor Center

L'accès au Natural Bridges National Monument par la SR275 est
situé à 269 km (167, 2mi) de Hanksville.
Notez que le nombre de places au stationnement situé à la fin
de la route panoramique 275 est restreint.
Ouvert tous les jours de 9 h à 17 h 30.
T : 435 259-4351 et 435 692-1234
www.nps.gov/nabr

Guide en français :
www.nps.gov/nabr/planyourvisit/upload/VisitorGuide_French.pdf

CANYONLANDS NATIONAL PARK

Canyonlands regroupe une immense étendue naturelle rocheuse au cœur du plateau du Colorado. L'eau et la force de gravité ont été les principaux architectes de ces terres, sculptant des couches de roche sédimentaire en de centaines de canyons, mesas, buttes, arches et flèches colorés. Au centre se trouvent deux gorges imposantes taillées par le Colorado et la Green River. Autour de ces rivières s'étendent de vastes et très différents secteurs du parc : à l'est, les Needles (aiguilles), à l'ouest, le Maze (labyrinthe) et au nord, Island in the Sky (île dans le ciel). Dans une large mesure, Canyonlands est encore très peu fréquenté de nos jours. Ses routes sont pour la plupart non goudronnées, ses sentiers rudimentaires, ses rivières non canalisées. Des mouflons du désert, des coyotes et d'autres animaux indigènes occupent ses 848 km^2. C'est l'Amérique sauvage !

Des droits d'entrée sont perçus pour l'accès au parc, pour du camping en arrière-pays et pour participer à certaines activités. Réservations par écrit, courrier ou télécopieur.

Canyonlands National Park

2282 South West Resources Blvd.
Moab, UT 84532-3298
F : 435 259-4285
www.nps.gov/cany

Guide en français :
www.nps.gov/cany/planyourvisit/upload/CanyFrench.pdf

THE NEEDLES

Reconnu pour ses magnifiques couleurs qui dominent tout le secteur. Plusieurs sentiers pédestres vous permettront de découvrir le parc. Il est recommandé à une personne de boire 4 L d'eau par jour dans cette région semi-désertique. Des points d'eau sont à votre disposition.

Visitor Center

À partir de Monticello, quittez la 191 et empruntez la route 211. Le centre touristique de Needles est à 79 km (49 mi). Ouvert tous les jours de 9 h à 16 h 30.
T : 435 259-4351
www.nps.gov/cany/
www.nps.gov/cany/planyourvisit/upload/needles.pdf

Needles Overlook (promontoire de Needles)

36 km (22,4 mi) au nord de Monticello, quittez la Hwy 191, faites environ 35 km (21,8 mi) sur la Needles Overlook Road. La route peut être difficile et longue.
Altitude de 1 919 m (6 975 pi).
Point de vue impressionnant sur le canyon.

ACCÈS AU CAMPING RECOMMANDÉ

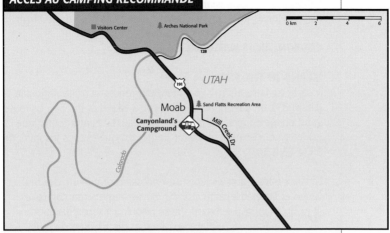

CANYONLANDS CAMPGROUND

GPS **N 38 33 51 ; W 109 32 58** et **N 38 33.881; W 109 32.933**

555 South Main St.
Moab, UT 84532

De 31 $US à 34 $US pour 2 personnes
Ouvert du 1er mars au 16 novembre
122 emplacements : 66 avec 3 services; 24 avec 2 services; 32 sans service
Station de vidange
Animaux bienvenus

T : 435 259-6848
T réservations : 1 800 522-6848
cancamp@frontiernet.net
www.canyonlandsrv.com

À PARTIR DU CAMPING

MOAB
Information Center
Angle des rues Center et Main
T : 435 259-8825 ou 1 800 635-6622
www.discovermoab.com

L'accès aux secteurs Island in the Sky, Dead Horse Point State Park et Horseshoe Canyon Unit est plus facile à partir de Moab.

CANYONLANDS NATIONAL PARK (suite)

ISLAND IN THE SKY

À partir de la route 191 vers le nord, prendre la route régionale (Utah) 313 en direction du sud jusqu'à Island in the Sky. La route goudronnée continue à travers le plateau. Le centre touristique est à 51 km (32 mi). Le Visitor Center est ouvert tous les jours de 9 h à 16 h 30.

La vue s'offrant aux visiteurs s'étend des profondeurs des rivières Green et Colorado jusqu'aux lointains sommets montagneux et jusqu'à l'infini. Le regard s'étire jusqu'à l'horizon distant de 160 kilomètres. Large plateau, Island in the Sky sert de tour d'observation au parc de Canyonlands. De ses nombreux promontoires, les visiteurs observent des vues impressionnantes aux dimensions inouïes.

On accède d'abord à White Rim, un gradin de grès presque ininterrompu situé 366 mètres au-dessous de « l'île ». Et 305 mètres encore au-dessous de White Rim se trouvent les rivières, dans l'ombre des falaises rocheuses à pic, au delà desquelles s'étend le pays du Maze et des Needles. À l'est du parc s'élèvent La Sals, au sud, les monts Abajos, et au sud-ouest, les Henrys. Les pluies passant par le sol aride des Canyonlands alimentent une forêt de pins et sapins sur ces montagnes. Sur l'Island, la végétation est beaucoup plus maigre. De vastes champs de riz sauvage et d'autres graminées ainsi que des forêts de genévriers survivent avec moins de 25 cm de précipitations annuelles. Autrefois, des troupeaux de bétail et de chevaux paissaient dans ces prés désertiques ! Des abreuvoirs et des clôtures abandonnés rappellent ce passé. Les corniches descendant vers le White Rim et vers les vallées plus basses sont l'habitat préféré de nombreux mouflons. Les nombreux sentiers autour de l'Island sont des sites privilégiés pour découvrir la vie animale sauvage. D'autres sentiers conduisent à des panoramas frappants, aux arches ou à d'autres curiosités géologiques.

Considérée comme la Mecque du vélo de montagne, Moab est aussi un paradis pour la descente de rivière.

Carte et information touristique :
www.nps.gov/cany/planyourvisit/upload/island.pdf
www.nps.gov/cany/planyourvisit/islandinthesky.htm

Dead Horse Point State Park
Promontoire de pierre entouré de falaises à plus de 1830 m
(6 000 pi) au-dessus du niveau de la mer. Il s'agit d'un plateau
verdoyant, traversé par la rivière Colorado et possédant une riche
histoire en élevage de bétail. Le parc est ouvert à l'année.
Centre touristique
T : 435 259-2614
www.utah.com/stateparks/dead_horse.htm

Grand View Point Overlook
Promontoire de Grand View Point.
Altitude de 1 853 m (6 080 pi).
Situé sur la 313 à environ 40 minutes de Moab.
C'est une solution de rechange intéressante au Needles
Overlook, la route est moins difficile.

HORSESHOE CANYON
À ajouter à votre voyage…
Documentation :
www.nps.gov/cany/planyourvisit/upload/horseshoecanyon.pdf

ARCHES NATIONAL PARK
Le paysage de rochers sculptés formant les arches a entièrement
été créé par les éléments naturels tels que l'eau et la glace, les
températures extrêmes et le mouvement sous-terrain des couches
de sel. Depuis 100 millions d'années, la nature est seule respon-
sable de ce paysage comprenant la plus grande présence d'arches
naturelles au monde. Un éventail de plus de 2000 arches de
grès cataloguées selon leur taille, allant de la plus petite avec
une ouverture de 9,84 m, à la plus grande, le Landscape Arch
mesurant 1 169 m d'un côté à l'autre.
www.nps.gov/arch/index.htm

Guide en français :
www.nps.gov/arch/planyourvisit/upload/arches_french.pdf

Visitor Center

Arrêtez-vous au centre de visiteurs pour des conseils et un programme. Regardez les films d'orientation, allez voir les expositions et parcourez les publications et les cartes. Une brochure autoguidée et une visite audio pour la promenade sont également à votre disposition. Le stationnement est autorisé aux endroits indiqués. Si les stationnements sont complets, vous devez revenir plus tard. Aucune dérogation possible. Se trouve à 8 km au nord de Moab. Droits d'entrée. Ouvert tous les jours de 7 h 30 à 18 h 30

T : 435 719-2299 et 435 259-2614

Sentiers pédestres accessibles

ZONE DE DEVILS GARDENS

Landscape Arch (2,6 km aller-retour) :
Assez facile avec quelques inclinaisons, surface de gravier. Des courtes bretelles vers les arches de Tunnel et Pine Tree.

Double O Arch (6,8 km aller-retour) :
Difficile avec beaucoup de variations dans les inclinaisons, une surface rocheuse, quelques côtes. Accès vers les arches Navajo et Partition.

Primitive Loop (3,5 km aller-retour) :
Une route basse assez difficile à travers la petite partie de couverture rocheuse, lisse et glissante lorsque mouillée. Bretelle vers Private Arch.

Tower Arch (5,5 km aller-retour) :
Assez difficile dans la partie en direction de Klondike Bluffs. Du sable et quelques variations d'inclinaisons.

ZONE DE DELICATE ARCH

Delicate Arch (4,8 km aller-retour) :
Une déclivité de 146 m, pas d'ombre ! Couverture rocheuse et lisse vers les hauteurs. Superbe pendant le coucher du soleil. Spectaculaire arche naturelle la plus photographiée au monde !

Lower Viewpoint (à proximité) :
Sentier dégagé, une vue à distance de l'arche.

Upper Viewpoint (à proximité) :
Une route rocheuse, montant vers le sommet du récif à proximité. Vue à distance de l'arche.

AUTRES ARCHES

Park Avenue (3,2 km aller-retour) :
Plutôt facile, des petites collines mènent vers le fond rocheux du canyon, des grandes parois, des rochers en équilibre.

Balanced Rock (boucle de 0,5 km) :
Une promenade facile autour du Balanced Rock.

Windows (boucle de 1,6 km) :
Sentier pédestre qui vous mènera jusqu'à trois arches massives (North and South Window, Turret Arch).

Double Arch (1,2 km aller-retour) :
Un sentier à travers du sable, une arche spectaculaire.

Sand Dune Arch (0,5 km aller-retour) :
Un sentier assez facile et superbe pour les enfants !

Broken Arch (2,1 km aller-retour):
Un sentier facile à travers les champs verdâtres.

Skyline Arch (à proximité) :
Un niveau de difficulté modéré sur les rochers pour une vue rapprochée de l'arche.

À partir de Moab, les étapes indiquées contiennent seulement les trajets routiers et l'emplacement du terrain de camping recommandé. Pour profiter au maximum de votre chemin du retour à destination de Montréal, consultez les sites officiels des bureaux de tourisme des états et province que vous traversez. Vous pouvez également commander les guides touristiques correspondant aux visites qui vous intéressent.

BUREAUX DE TOURISME

COLORADO
Colorado Tourism Office
T : 1 800 265-6723 et 303 892-3885
F : 303 892-3848
www.colorado.com

Colorado State Campgrounds
T réservations : 1 800 678-2267 et
303 470-1144

NEBRASKA
Nebraska Division of Travel & Tourism
T : 402 471-3796 et 1 877 632-7275
F : 402 471-3026
www.visitnebraska.org

IOWA
Iowa Dept of Economic Development
T : 515 242-4705, 1 888 472-6035
et 1 800 345-4692
F : 515 242-4718
www.traveliowa.com

WISCONSIN
Wisconsin Department of Tourism
T : 608 266-2161 et 1 800 432-8747
F : 608 266-3403
www.travelwisconsin.com

Wisconsin State Campgrounds
T : 1 888 947-2757

MICHIGAN
Travel Michigan
T : 517 335-4590 et 1 888 784-7328
F : 517 337-0059
www.michigan.org/travel/

ONTARIO
Ontario Tourism Marketing Partnership
T : 1 800 668-2746
www.ontariotravel.net

Ontario Private Campground Association
T : 905 947-9500
www.campgrounds.org

LOIS ET RÈGLEMENTATIONS ROUTIÈRES
Services officiels d'information

Colorado
Dept. of Public Safety
T : 303 239-4500

Nebraska
Dept. of Motor Vehicles
T : 402 471-0105

Iowa
Office of Vehicle Services
T : 515 237-3110

Wisconsin
Dept. of Transportation
T : 608 266-0264

Michigan
State Police
T : 517 336-6195

Ontario
Ministry of Transportation
T : 416 235-4831

De : *Moab, Utah*
À : *Grand Junction, Colorado*
Distance : *195 km*

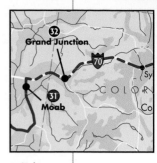

TRAJET ROUTIER

En quittant le camping Canyonland's Campground, tournez à droite sur la US191. Suivez la US191 sur 51,6 km (32 mi) jusqu'à l'intersection avec l'I-70 à Brendel. Prenez la bretelle à droite pour accéder à l'I-70 et faites 138,5 km (86 mi). Vous entrez dans l'état du Colorado. Suivez la I-70 sur 2,2 km (1,3 mi) jusqu'à la sortie 37. Prenez la bretelle à droite pour la sortie et suivez à droite la I-70 Bus et la SR141, faites 2,2 km (1,3 mi).

Tournez à gauche sur la 32nd Rd. et faites 2,3 km (1,4 mi). Tournez à gauche sur Mesa Ave. et tournez immédiatement à gauche sur E ½ Rd. et faites 1,6 km (1 mi). Tournez à gauche sur Huntington Point Ln., faites 200 m (660 pi). Tournez à droite sur Point Ave., le camping MONUMENT RV RESORT est à droite.

MONUMENT RV RESORT

GPS N 39 05 56; W 108 27 22

607 Highway 340
Fruita, CO 81521

De 30 $US à 35 $US / 2 personnes
Ouvert toute l'année
109 emplacements : 99 avec 3 services, 10 sans service
Animaux bienvenus

T : 1 888 977-6777 et 970 858-3155
monumentrvresort@earthlink.net
www.monumentrvresort.com

La route se poursuit sans guide. Profitez de chaque étape de retour vers le Québec.

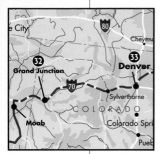

De : Grand Junction, Colorado
À : Denver, Colorado
Distance : 435 km

TRAJET ROUTIER

En quittant le camping Monument RV Resort, tournez à gauche sur Point Ave. Faites environ 200 m (660 pi). Tournez à droite sur Huntington Point Ln., faites 200 m (660 pi) jusqu'à Mesa Ave. Tournez à droite sur la 32nd Rd. et SR141 et à droite sur la I-70 Bus, jusqu'à l'intersection avec l'I-70. Faites 2,5 km (1,5 mi). Tournez à gauche sur la US6 et faites 1,1 km (0,6 mi). Prenez la bretelle à droite pour accéder à l'I-70. Suivez l'I-70 sur 360,2 km (223,8 mi) jusqu'à la sortie 260. Prenez la sortie 260 et la bretelle d'accès à droite pour la SR470, direction sud. Faites 27,2 km (16,9 mi).

Tournez à droite sur la US85 (Santa Fe Dr.) direction sud jusqu'à l'intersection de la SR67 (Manhart St.). Vous gardez ensuite la droite pour Jarre Canyon Rd. Faites 16 km (10 mi) jusqu'au camping. Suivez les indications pour le DAKOTA RIDGE RV PARK.

Avant l'arrivée des Européens, on comptait encore 50 à 70 millions de bisons d'Amérique du Nord, vivant et migrant sur les plaines herbeuses du Mexique au Canada.

DAKOTA RIDGE RV PARK

17800 West Colfax Ave.
Golden, CO 80401

De 40 $US à 45 $US / 2 personnes
Ouvert toute l'année
141 emplacements avec 3 services
Animaux bienvenus

T : 1 800 398-1625
info@dakotaridgerv.com
www.dakotaridgerv.com

De : Denver, Colorado
À : Ogallala, Nebraska
Distance : 406 km

TRAJET ROUTIER

En quittant le camping Dakota Ridge RV Park, refaites la route en sens inverse, par Jarre Canyon Rd. et Manhart St. jusqu'à la US85. Tournez à gauche sur la US85, faites 32,5 km (20,1 mi). Prenez la bretelle d'accès à droite pour la US85 et l'I-25 direction nord et poursuivez sur 13,7 km (8,5 mi) jusqu'à la sortie 216A. Prenez la sortie 216A, gardez la droite pour l'accès à l'I-76 direction est, et poursuivez sur 292, km (181,4 mi).

Vous entrez dans l'état du Nebraska.

L'I-76 devient l'I-80. Restez sur cette route jusqu'à la sortie 126, faites 36,8 km (22,8 mi). Prenez la sortie 126 et tournez à droite sur la SR61 (Big Mac Rd.). Faites 0,9 km (0,5 mi).

Tournez à gauche sur la Road 80 east, (faites 300 m). Suivez les indications jusqu'au camping AREA'S FINEST COUNTRY VIEW CAMPGROUND.

AREA'S FINEST COUNTRY VIEW CAMPGROUND

120, Road East 80, Ogallala, NE 69153

De 27 $US à 30 $US / 4 personnes
Ouvert toute l'année
50 emplacements : 48 avec 3 services, 2 avec 2 services
Animaux bienvenus

T : 308 284-2415
camp@cvcampground.com
www.cvcampground.com

Avancez à nouveau votre montre d'une heure!

De : *Ogallala, Nebraska*
À : *Lincoln, Nebraska*
Distance : *443 km*

TRAJET ROUTIER
Reprenez l'I-80 direction est et faites 441 km (274 mi)
jusqu'à la sortie 401A.

Tournez à droite sur la US34 et encore à droite
sur Superior St. Suivez les indications pour le
camping CAMP-A-WAY.

CAMP-A-WAY RV PARK AND CAMPGROUND

GPS **N 40.85740; W 96.71959**

200 Campers Circle
Lincoln, NE 68521

De 31 $US à 37,50 $US / 2 personnes
Ouvert toute l'année
93 emplacements avec 3 services
Animaux bienvenus

T : 1 866 719-2267
contact@campaway.com
www.campaway.com

De : Lincoln, Nebraska
À : Des Moines, Iowa
Distance : 318 km

TRAJET ROUTIER
Reprenez l'I-80 direction est et faites 88,1 km (54,7 mi).
Vous entrez dans l'état de l'Iowa.
Suivez l'I-80 sur 227,81 km (141,5 mi) jusqu'à
la sortie 142A.

Tournez à droite sur Hubbell Ave. et à gauche sur
Adventure Dr. puis à droite sur Prairie Meadow Dr.
Suivez les indications pour le camping ADVENTURELAND
CAMPGROUND.

ADVENTURELAND CAMPGROUND

2600 Adventureland Dr.
Altoona, Iowa

De 25 $US à 45 $US / 2 personnes
Ouvert d'avril à fin octobre
310 emplacements avec 3 services
Animaux bienvenus

T : 515 265-7384
T réservations : 1 800 532-1286
www.adventurelandpark.com

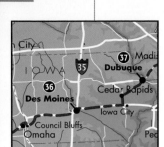

De : Des Moines, Iowa
À : Kieler, Wisconsin
Distance : 322 km

TRAJET ROUTIER
Reprenez l'I-80 direction est jusqu'à la sortie 239B et faites 156 km (97 mi). À la sortie 239B, suivez l'I-380 sur 26,6 km (16,5 mi) jusqu'à la sortie 16A. De là, suivez la US151E (11 km / 6,8 mi) jusqu'à la sortie 259, puis prenez la US151 et SR13N sur 12,1 km (7,5 mi). Tournez à droite sur la US151 (Dubuque Rd.), faites 104,7 km (65 mi) jusqu'à Dubuque. Traversez le Mississippi. Vous entrez dans l'état du Wisconsin.

Suivez la US151 sur 8,5 km (5,3 mi) jusqu'à la sortie 5. Tournez à gauche à la première rue, faites 100 m (330 pi). Tournez à droite sur Old Highway Rd. et faites 200 m (660 pi) avant de tourner à gauche sur Dry Hollow Rd. Suivez les indications du camping RUSTIC BARN CAMPGROUND qui se trouve à environ 200 m (660 m).

 RUSTIC BARN CAMPGROUND
GPS **N 042 34.882 W 090 36.626**

Kieler, WI 53812

25 $US
Ouvert du 15 avril au 31 octobre
68 emplacements : 2 avec 3 services, 56 avec 2 services, 10 sans service
Animaux bienvenus

T : 608 568-7797
camp4fun@pcii.net
www.rusticbarnrvpark.com

De : *Kieler, Wisconsin*
À : *De Pere, Wisconsin*
Distance : *338 km*

TRAJET ROUTIER

Reprenez la US151 direction nord-est jusqu'à
Madison et faites 128,4 km (79,7 mi) jusqu'à Beltline
Hwy US12 et US14. Faites 14,8 km (9,2 mi) sur la
US12 et US14 jusqu'à la sortie 267B. Suivez l'I-39 et
l'I-90 Nord sur 9,5 km (5,9 mi) jusqu'à la sortie 135
A-B-C. Prenez la US151 et faites 81,2 km (50,4 mi) jusqu'à
la sortie 158. Suivez la SR26 sur 36 km (22,3 mi) jusqu'à
l'intersection de la US 41 que vous prenez pour poursuivre
sur 65,1 km (40,4 mi) jusqu'à la sortie 154.

**Tournez à gauche sur County Line Road, suivez les
indications pour le camping APPLE CREEK FAMILY
CAMPGROUND & LODGE.**

APPLE CREEK FAMILY CAMPGROUND AND LODGE

3831 Country Road
De Pere, WI 54115

32 $US / famille
Ouvert toute l'année
138 emplacements : 133 avec 2 services, 5 sans service
Animaux bienvenus

T : 920 532-4386
mail@applecreekcamping.com
www.applecreekcamping.com

*Vous n'avez
plus de mots
pour décrire
votre voyage ?
C'est toujours
le temps pour
sortir votre
appareil photo !*

De : De Pere, Wisconsin
À : St. Ignace, Michigan
Distance : 422 km

TRAJET ROUTIER

Reprenez la US41 direction nord-est et faites 107,5 km (66,8 mi) jusqu'à Marinette. Vous entrez dans l'état du Michigan. Suivez la State Highway M35 qui longe le lac Michigan et faites 87 km (54 mi) jusqu'à l'intersection de la US2 à Escanaba. Suivez la US2 sur 189,2 km (117,5 mi) jusqu'à l'intersection de Worth Rd., faites. Tournez à gauche sur Worth Rd. et faites 16,6 km (10,3 mi). Tournez à droite sur la M123 et faites12,5 km (7,7 mi).

Prenez la bretelle à droite pour l'I-75 jusqu'à la sortie 248 (6,0 km / 3,7 mi). Suivez Mackinac Trail et les indications pour le camping CASTLE ROCK MACKINAC TRAIL CAMPARK de l'autre côté de l'I-75.

 ## CASTLE ROCK MACKINAC TRAIL CAMPARK

2811 Mackinac Trail
St. Ignace, MI 49781

De 20 $US à 31 $US / famille
Ouvert du 15 mai au 10 octobre
95 emplacements : 20 avec 3 services, 60 avec 2 services, 15 sans service
Animaux bienvenus

T : 906 643-9222 et 1 800 882-7122
T réservations : 1 800 333-8754
www.castlerockcampark.com

Avancez votre montre d'une heure et vous voilà à la même heure que Montréal !

De : *St. Ignace, Michigan*
À : *Sudbury, Ontario*
Distance : *388 km*

TRAJET ROUTIER

Reprenez l'I-75 Nord sur 77,3 km (48 mi) jusqu'à la frontière de l'Ontario. Après les douanes et la traversée de l'International Bridge, suivez la route 17 et la TC17 sur 306,5 km (190,4 mi) jusqu'à Sudbury.

À Sudbury, gardez la droite pour prendre la TC69 et faites 3,6 km (2,2 mi). Tournez à gauche sur Richard Lake Rd. et suivez les indications pour le camping CAROL CAMPSITE.

CAROL CAMPSITE

2388 Richard Lake Drive
Sudbury ON P3E 4N1

28 $ / 4 personnes
Ouvert du 15 mai au 15 octobre
155 emplacements : 110 avec 3 services, 35 avec 2 services, 10 sans service
Animaux bienvenus

T : 705 522-5570
F : 705 522-0795
info@carolscampsite.com
www.carolscampsite.com

De : Sudbury, Ontario
À : Nepean, Ontario
Distance : 473 km

TRAJET ROUTIER
Revenez sur la TC69, tournez à droite sur la TC17 et faites 465,7 km (289,3 mi) jusqu'à Nepean (sortie 138).

Tournez à gauche sur Eagleson Rd. et faites 0,5 km (0,3 mi). Tournez à droite sur Corkstown Rd. jusqu'à l'entrée, sur la gauche, du OTTAWA MUNICIPAL CAMPGROUND.

 OTTAWA MUNICIPAL CAMPGROUND

411 Corkstown Road
Nepean

De 26 $ à 36 $
Ouvert du 1ᵉʳ mai au 15 octobre
176 emplacements : 1 avec 3 services, 105 avec 2 services, 45 avec 1 service, 25 sans service
Animaux bienvenus

T : 613 828-6632
corkstowncamp@ottawa.ca
www.ottawacampground.ca

"Quand on est arrivé au but de son voyage, on dit que la route a été bonne"
Proverbe chinois

De : *Nepean, Ontario*
À : *Montréal, Québec*
Distance : *204,5 km*

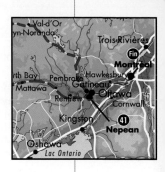

TRAJET ROUTIER
Reprenez la TC417 direction est sur
204,5 km (127 mi) jusqu'à Montréal.

_____

Bon retour !

OUVRAGES RECOMMANDÉS

Collection Rolling Homes Press
- *Pacific Northwest Camping Destinations*
  Mike et Terri Church
- *Southwest Camping Destinations*
  Mike et Terri Church

Frommer's
- *À la découverte de l'Amérique en VR, 2008*

Bertrand Dumont éditeur
Collection calepins des aventuriers
- *Notre grande ViRée,* 2009
  James McInnes et Lucie-Soleil Ouellet

Librairie Ulysse
Collection Guides de voyage Ulysse
- *Sud-Ouest américain*

Collection le Petit futé
- *San Francisco*

Lonely Planet
- *Canada*
- *USA Travel Guide*
- *California Travel Guide*

Guides Michelin
Collection Voyager pratique
- *Sud-Ouest américain*

À EMPORTER SUR LA ROUTE

- *The Milepost*
  Since 1949 the Bible of North Country Travel
  (Utile seulement au Canada et en Alaska)

- *The Next Exit*
  Répertoire des commerces et services disponibles à partir des sorties d'autoroutes. Classé par état américain. Édition annuelle.

- *Cartes routières Michelin*

Commandez tous ces guides et cartes à la Boutique FQCC sur le www.fqcc.ca.

POUR BIEN PLANIFIER VOTRE VOYAGE

Pensez à vérifier les dates d'expiration de :

- Votre permis de conduire
- La plaque d'immatriculation du VR et du youyou
- Votre carte d'assurance maladie
- Vos cartes de crédit
- Votre passeport

Ces documents ne doivent pas venir à expiration pendant votre voyage.

AVANT LE DÉPART

☐ Suivre les conseils de préparation et de vérification mécanique de votre VR, donnés en pages 121 à 124
☐ Suspendre la livraison des journaux et autres
☐ Installer des minuteries ON/OFF à quelques lampes
☐ Vider le réfrigérateur
☐ Fermer le chauffe-eau et l'arrivée d'eau de la laveuse
☐ Verrouiller portes et fenêtres

CONFIEZ À UNE OU DES PERSONNES FIABLES

☐ L'itinéraire de votre circuit avec les coordonnées des campings
☐ Un numéro de téléphone (cellulaire) d'urgence
☐ La clé de la maison
☐ L'entretien du terrain et des plantes d'intérieur
☐ Les animaux
☐ Le ramassage du courrier et des circulaires

EMPORTEZ

☐ Un coffre à outils (marteau ou barre de métal, tournevis, pince, gants de travail, vis et clous, chiffons)
☐ Lunettes de soleil
☐ Lunettes de prescription, verres de contact ainsi que votre ordonnance, en cas de perte
☐ Provision de médicaments importants (notez les noms de leurs composants chimiques car le nom des médicaments peut varier selon le pays visité)
☐ Chasse-moustique
☐ Trousse de premiers soins
☐ Papier journal pour allumer des feux
☐ Radio à piles (et piles de rechange)

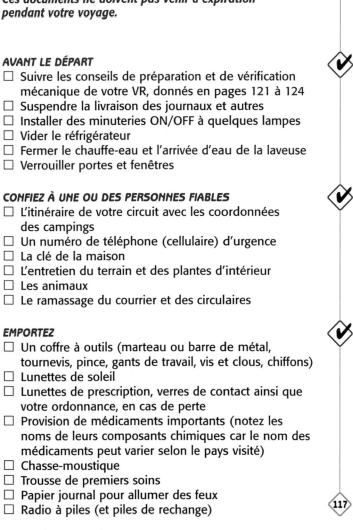

☐ Miroir incassable
☐ Trousse de couture
☐ Épingles à linge et corde

☐ **Pièces d'identité :** passeport, carte d'assurance maladie, police d'assurance voyage avec coordonnées de l'assureur, immatriculation, permis de conduire
☐ **Cartes de crédit :** faire une photocopie et notez vos numéros de cartes (ou inscrivez-les auprès de FQCC Assistance, notre service gratuit pour les membres, afin d'arrêter des paiements en cas de perte ou vol).

LISTE DE CONTRÔLE DE VOTRE VÉHICULE AVANT LE DÉPART

MISE AU POINT DU MOTEUR
- ☐ Bougies
- ☐ Câbles
- ☐ Allumage, etc.

HUILES
- ☐ Moteur
- ☐ Maître cylindre (p.b)
- ☐ Servo-direction (p.s)
- ☐ Transmission
- ☐ Différentiel

FILTRES
- ☐ Air
- ☐ Huile
- ☐ Essence, diésel
- ☐ Transmission

BATTERIES DU MOTEUR
ET AUXILIAIRES
- ☐ Niveau des liquides
- ☐ État de la charge
- ☐ Câbles et bornes

SYSTÈME DE REFROIDISSEMENT
- ☐ État des radiateurs
- ☐ Niveau du liquide
- ☐ État des boyaux, collets
- ☐ État et ajustement de la courroie du ventilateur
- ☐ Niveau du lave-vitre

DIRECTION
- ☐ État de la servo-direction
- ☐ Géométrie (alignement)
- ☐ Usure de la timonerie
- ☐ Graissage

PNEUS
- ☐ Usure de la semelle
- ☐ Pression d'air
- ☐ Balancement (équilibrage)
- ☐ Roue de secours

FREINS
- ☐ État des plaquettes
- ☐ État des disques et tambours
- ☐ Cylindre des étriers
- ☐ État des roulements
- ☐ Joint d'étanchéité
- ☐ État des conduites de frein
- ☐ Frein d'urgence

SUSPENSION
- ☐ État des ressorts
- ☐ État des amortisseurs
- ☐ Fixations

ARBRE DE TRANSMISSION
- ☐ État des joints
- ☐ État des roulements
- ☐ Fixations

DIFFÉRENTIEL
- ☐ Joint d'étanchéité
- ☐ Boulons

SYSTÈME D'ÉCHAPPEMENT
- ☐ État des tuyaux
- ☐ Silencieux et catalyseur
- ☐ Fixations et collets

VÉRIFICATION GÉNÉRALE
- ☐ Chauffage
- ☐ Dégivrage
- ☐ Climatisation
- ☐ Rétroviseurs
- ☐ Pare-brise
- ☐ Vitres
- ☐ Essuie-glace
- ☐ Klaxon

VÉRIFICATION SUR LE VÉHICULE TRACTÉ
(caravane ou caravane à sellette)
- ☐ Pneus et roue de secours
- ☐ Freins et ajustement du freinage en rapport avec le véhicule tracteur (50/50)
- ☐ Écrous ou boulons des roues
- ☐ Ressorts et fixations (jumelles)
- ☐ Amortisseurs
- ☐ État de l'attache et des soudures

CE QUE VOUS DEVEZ APPORTER
- ☐ Huiles : moteur, freins, transmission, servo-direction
- ☐ Filtres : essence, air, huile
- ☐ Courroies : gardez votre vieille courroie
- ☐ Boyaux : gardez vos vieux boyaux (collets de serrage)
- ☐ Antigel : 4 litres 50/50
- ☐ Fusibles : pour véhicule et remorque
- ☐ Trappes : pour vidanger les eaux usées (2 formats)

GÉNÉRAL
- ☐ Fusibles pour le véhicule et la caravane
- ☐ Ampoules pour le véhicule et la caravane
- ☐ Attaches multi-usages (*tie-wrap*)
- ☐ Ruban adhésif gris (*duct tape*)

SPÉCIALEMENT POUR LES CARAVANES
ET CARAVANES À SELLETTE
- ☐ Attaches velcro pour l'auvent
- ☐ Boulons et écrous pour les roues
- ☐ Roulements à billes (*bearings*)
- ☐ Joints d'étanchéité (*oil seal*)
- ☐ Roue de secours
- ☐ Ressorts de suspension (pour longs voyages)
- ☐ Amortisseurs (pour longs voyages)

> ***NOTE : faites une vérification régulière sous le véhicule et détectez ainsi toute fuite d'huile, de graisse, d'antigel, etc.***

AUTRES PRÉPARATIFS UTILES À LA RÉALISATION D'UN VOYAGE EN VR

La FQCC a profité de l'expérience de ses serre-files pour dresser une liste de conseils pratiques qui pourraient vous éviter certains ennuis pendant votre voyage.

☐ La batterie de votre véhicule est-elle âgée de sept ans ou plus ? Si oui, changez-la.

☐ La batterie de service qui sert pour la partie habitation a-t-elle été chargée régulièrement ?

☐ Les cellules ont-elles été vérifiées avec un pèse-acide ?

☐ La graisse dans les moyeux de roues de la caravane ou de l'autocaravane a-t-elle été remplacée depuis les derniers 40 000 km ?

☐ Les lames de ressort ainsi que les jumelles ont-elles été vérifiées ?

☐ Possédez-vous un ensemble de lames de ressort, jumelles et boulons de rechange ?

☐ L'alternateur de votre véhicule a-t-il 150 000 km et plus ? Si oui, des problèmes sont à prévoir.

☐ Les ailettes de la partie du bas de votre radiateur sont-elles toujours en place ?

☐ Faut-il ajouter de l'antigel régulièrement dans le réservoir de surplus du radiateur ?

☐ La propreté des bornes de la batterie a-t-elle été vérifiée depuis un an ?

☐ Y a-t-il de la graisse sur la boule de la caravane ?

☐ Y a-t-il de la graisse autour de la goupille de la caravane à sellette ?

☐ Est-ce que les freins de la caravane sont ajustés pour fonctionner également avec le véhicule tracteur (50/50) ?

☐ Les garnitures de freins de la caravane ont-elles été vérifiées ?

- [ ] Possédez-vous une ou plusieurs courroies de rechange selon le cas ?

- [ ] Pour les propriétaires de caravane ou d'autocaravane, il est important de posséder un ensemble de roulement à billes et de joints d'étanchéité.

- [ ] Possédez-vous une roue de secours ? Sinon, possédez-vous un pneu de rechange ?

- [ ] Il est souhaitable que les bras de l'auvent puissent être attachés par un moyen quelconque pour éviter une ouverture imprévue.

- [ ] Les réservoirs de propane sont-ils âgés de dix ans ou plus ?

- [ ] Connaissez-vous par cœur les dimensions de votre véhicule ? Elles devraient être inscrites bien à la vue du conducteur.

- [ ] Avez-vous un extincteur à l'intérieur de votre véhicule ?

- [ ] L'âge des pneus est-il supérieur à 10 ans ?

- [ ] Les pneus sont-ils craquelés ?

- [ ] La pression de gonflage des pneus est-elle supérieure ou égale à celle indiquée sur le pneu ?

- [ ] Le support pour bicyclettes est-il fixé au rangement du boyau de vidange à l'arrière de la caravane ? Si oui, attention, il y a risque de rupture.

- [ ] Y a-t-il dans votre VR une ceinture pour chacun des occupants ?

- [ ] Si votre véhicule possède des ballons, il serait préférable d'avoir un ballon de rechange.

- [ ] Avez-vous vérifié vos phares de croisement et vos feux de positionnement ?

AMPÉRAGE

Combien d'ampères utilisez-vous dans votre VR ?

Ce tableau vous permettra de faire une bonne gestion de votre consommation d'électricité et de prévenir les inconvénients d'une panne temporaire.

Chaque appareil électrique est vendu avec une étiquette indiquant sa consommation soit en watts (W) soit en ampères (amp). Si l'indication est en watts, il suffit de diviser le nombre de watts par 120 pour obtenir le nombre d'ampères.

APPAREILS	NOMBRE DE WATTS REQUIS	AMPÉRAGE MOYEN
Climatiseur	1400-2400	9-20
Chargeur de batteries	jusqu'à 3000	6-28
Batteur électrique	600	5,5
Bouilloire	1350	12
Cafetière	550-1000	4-8
Lecteur de CD et haut-parleurs	50-100	0,5-0,9
Ordinateur	50-100	0,5-0,9
Convertisseur	500-1000	4-8
Fer à friser	20-50	0,2-0,5
Lave-vaisselle	1400	12
Couverture électrique	50-200	0,5-1,5
Balai/aspirateur électrique	200-500	1,5-4
Perceuse	250-750	2-6
Ventilateur	25-100	0,2-0,9
Wok ou poêle électrique	1000-1350	8-11
Four (par élément)	350-1000	3-8
Chauffe-eau	1000-1500	8-13
Pompe à eau électrique	500-600	4-5
Sèche-cheveux	350-1500	3-13
Fer à repasser	500-1200	4-10
Ampoule	40-100	0,36-0,9
Micro-ondes	700-1500	6-13
Radio	50-200	0,5-1,5
Réfrigérateur	400-1000	3-8
Machine à coudre	125	1,0
Chauffage d'appoint	1000-1500	8-13
Téléviseur	200-600	1,5-4
Grille-pain	750-1200	6,5-10
Lave-linge ou sèche-linge	2000-2250	16
Vidéo	150-200	1,15-1,5

MANŒUVRES DE RECUL

Marche arrière
(ligne droite)

Marche arrière
(direction pointée)

Approche finale

Approche
(indication de la distance)

Redressement

Arrêt

Arrêt d'urgence

Fin de manœuvre

EN CAS DE NÉCESSITÉ, À REMETTRE AU PERSONNEL HOSPITALIER

Nous vous conseillons de compléter cette fiche avant de partir.

Nom / Name : _____

Adresse / Address : _____

_____

Téléphone / Telephone : _____

Courriel / Email : _____

Date de naissance / Date of Birth : _____

No assurance maladie du Québec* /
Québec health insurance number :

_____

No de police d'assurance voyage* /
Travel Insurance Policy N° : _____

Compagnie / Company : _____

Tél. d'assistance médicale d'urgence /
Medical Emergency Assistance Tel. : _____

Nom de votre compagnie d'assurance automobile /
Insurance company : _____

Téléphone de votre compagnie d'assurance /
Insurance company telephone number :

_____

No de police / Policy N° : _____

Votre groupe sanguin / Blood type : _____

Pression sanguine habituelle /
Usual blood pressure : _____

Souffrez-vous d'allergies ? /
Do you suffer from allergies ? _____

_____

Prenez-vous des médicaments /
Do you take medication ?

☐ OUI / YES ☐ NON / NO

Si oui , veuillez spécifier / Please specify :

_____

Au besoin, accepteriez-vous des transfusions sanguines ? /
If needed, would you accept blood transfusions ?

☐ OUI / YES ☐ NON / NO

Avez-vous des problèmes de santé ? (diabète, maladies
cardiaques, etc.) / Do you suffer from a particular medical
condition (diabetes, heart conditions, etc.)

_____

_____

Nom de votre médecin / Name of your doctor :

_____

Adresse / Address : _____

_____

Téléphone / Telephone : _____

En cas d'urgence, téléphoner à / In case of emergency,
persons to be contacted :

_____ Tél. _____ _____

Lien / Relationship : _____

_____ Tél. _____ _____

Lien / Relationship : _____

_____ Tél. _____ _____

Lien / Relationship : _____

*La carte d'assurance maladie n'étant pas valable dans
d'autres provinces que le Québec, avez-vous pensé à vous
munir d'une assurance voyage ?*

Le Service Voyages FQCC (Tél. : 1 877 650-3722) offre
le Sécureté et des produits adaptés à ses membres
voyageurs à des tarifs privilégiés. Ne vous en privez pas.

FICHE MÉDICALE

**EN CAS DE NÉCESSITÉ, À REMETTRE
AU PERSONNEL HOSPITALIER**

Nous vous conseillons de compléter cette fiche avant de partir.

Nom / Name : _____

Adresse / Address : _____
_____

Téléphone / Telephone : _____

Courriel / Email : _____

Date de naissance / Date of Birth : _____

No assurance maladie du Québec* /
Québec health insurance number :
_____

No de police d'assurance voyage* /
Travel Insurance Policy N° : _____

Compagnie / Company : _____

Tél. d'assistance médicale d'urgence /
Medical Emergency Assistance Tel. : _____

Nom de votre compagnie d'assurance automobile /
Insurance company : _____

Téléphone de votre compagnie d'assurance /
Insurance company telephone number :
_____

No de police / Policy N° : _____

Votre groupe sanguin / Blood type : _____

Pression sanguine habituelle /
Usual blood pressure : _____

Souffrez-vous d'allergies ? /
Do you suffer from allergies ? _____
_____

Prenez-vous des médicaments /
Do you take medication ?

☐ OUI / YES   ☐ NON / NO

Si oui , veuillez spécifier / Please specify :

_____

Au besoin, accepteriez-vous des transfusions sanguines ? /
If needed, would you accept blood transfusions ?

☐ OUI / YES   ☐ NON / NO

Avez-vous des problèmes de santé ? (diabète, maladies
cardiaques, etc.) / Do you suffer from a particular medical
condition (diabetes, heart conditions, etc.)

_____

_____

Nom de votre médecin / Name of your doctor :

_____

Adresse / Address : _____

_____

Téléphone / Telephone : _____

En cas d'urgence, téléphoner à / In case of emergency,
persons to be contacted :

_____ Tél. _____ _____

Lien / Relationship : _____

_____ Tél. _____ _____

Lien / Relationship : _____

_____ Tél. _____ _____

Lien / Relationship : _____

*La carte d'assurance maladie n'étant pas valable dans
d'autres provinces que le Québec, avez-vous pensé à vous
munir d'une assurance voyage ?*

Le Service Voyages FQCC (Tél. : 1 877 650-3722) offre
le Sécurété et des produits adaptés à ses membres
voyageurs à des tarifs privilégiés. Ne vous en privez pas.

Nom : _____
Adresse : _____
_____
Téléphone : _____
Courriel : _____

Nom : _____
Adresse : _____
_____
Téléphone : _____
Courriel : _____

Nom : _____
Adresse : _____
_____
Téléphone : _____
Courriel : _____

Nom : _____
Adresse : _____
_____
Téléphone : _____
Courriel : _____

Inscrivez les coordonnées de vos amis ou de vos endroits préférés !

Nom : _____
Adresse : _____
_____
Téléphone : _____
Courriel : _____

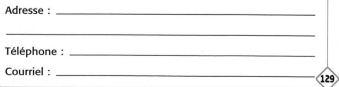

Nom : _____

Adresse : _____

_____

Téléphone : _____

Courriel : _____

Nom : _____

Adresse : _____

_____

Téléphone : _____

Courriel : _____

Nom : _____

Adresse : _____

_____

Téléphone : _____

Courriel : _____

Nom : _____

Adresse : _____

_____

Téléphone : _____

Courriel : _____

Nom : _____

Adresse : _____

_____

Téléphone : _____

Courriel : _____

Nom : _____

Adresse : _____

_____

Téléphone : _____

Courriel : _____

Nom : _____

Adresse : _____

_____

Téléphone : _____

Courriel : _____

Nom : _____

Adresse : _____

_____

Téléphone : _____

Courriel : _____

Nom : _____

Adresse : _____

_____

Téléphone : _____

Courriel : _____

Nom : _____

Adresse : _____

_____

Téléphone : _____

Courriel : _____

Nom : _____

Adresse : _____

_____

Téléphone : _____

Courriel : _____

Nom : _____

Adresse : _____

_____

Téléphone : _____

Courriel : _____

Nom : _____

Adresse : _____

_____

Téléphone : _____

Courriel : _____

Nom : _____

Adresse : _____

_____

Téléphone : _____

Courriel : _____

Nom : _____

Adresse : _____

_____

Téléphone : _____

Courriel : _____

Date _____

Heure de départ _____

Heure d'arrivée _____

De _____

_____

_____

À _____

_____

_____

Température _____   Km au départ _____

Coût essence _____   Km à l'arrivée _____

Coût nuitée _____   Km parcourus _____

Notes

_____

_____

_____

_____

_____

_____

_____

_____

_____

_____

_____

_____

_____

_____

_____

Parce que
les écrits
restent...

Date _____

Heure de départ _____

Heure d'arrivée _____

De _____

_____

_____

À _____

_____

_____

Température _____   Km au départ _____

Coût essence _____   Km à l'arrivée _____

Coût nuitée _____   Km parcourus _____

Notes

_____

_____

_____

_____

_____

_____

_____

_____

_____

_____

_____

_____

_____

_____

_____

Date _____

Heure de départ _____

Heure d'arrivée _____

De _____

_____

_____

À _____

_____

_____

Température _____   Km au départ _____

Coût essence _____   Km à l'arrivée _____

Coût nuitée _____   Km parcourus _____

Notes

_____

_____

_____

_____

_____

_____

_____

_____

_____

_____

_____

_____

_____

_____

_____

Date _____

Heure de départ _____

Heure d'arrivée _____

De _____

_____

_____

À _____

_____

_____

Température _____   Km au départ _____

Coût essence _____   Km à l'arrivée _____

Coût nuitée _____   Km parcourus _____

Notes

_____

_____

_____

_____

_____

_____

_____

_____

_____

_____

_____

_____

_____

_____

_____

Date _____

Heure de départ _____

Heure d'arrivée _____

De _____

_____

_____

À _____

_____

_____

Température _____ Km au départ _____

Coût essence _____ Km à l'arrivée _____

Coût nuitée _____ Km parcourus _____

Notes

_____

_____

_____

_____

_____

_____

_____

_____

_____

_____

_____

_____

_____

_____

_____

_____

_____

Date _____

Heure de départ _____

Heure d'arrivée _____

De _____

_____

_____

À _____

_____

_____

Température _____   Km au départ _____

Coût essence _____   Km à l'arrivée _____

Coût nuitée _____   Km parcourus _____

Notes

_____

_____

_____

_____

_____

_____

_____

_____

_____

_____

_____

_____

_____

_____

_____

Date _____

Heure de départ _____

Heure d'arrivée _____

De _____

_____

_____

À _____

_____

_____

Température _____ Km au départ _____

Coût essence _____ Km à l'arrivée _____

Coût nuitée _____ Km parcourus _____

Notes

_____

_____

_____

_____

_____

_____

_____

_____

_____

_____

_____

_____

_____

_____

_____

_____

Date _____

Heure de départ _____

Heure d'arrivée _____

De _____

_____

_____

À _____

_____

_____

Température _____   Km au départ _____

Coût essence _____   Km à l'arrivée _____

Coût nuitée _____   Km parcourus _____

Notes

_____

_____

_____

_____

_____

_____

_____

_____

_____

_____

_____

_____

_____

_____

_____

Date _____

Heure de départ _____

Heure d'arrivée _____

De _____

_____

_____

À _____

_____

_____

Température _____   Km au départ _____

Coût essence _____   Km à l'arrivée _____

Coût nuitée _____   Km parcourus _____

Notes

_____

_____

_____

_____

_____

_____

_____

_____

_____

_____

_____

_____

_____

_____

_____

Date _____

Heure de départ _____

Heure d'arrivée _____

De _____

_____

_____

À _____

_____

_____

Température _____   Km au départ _____

Coût essence _____   Km à l'arrivée _____

Coût nuitée _____   Km parcourus _____

Notes

_____

_____

_____

_____

_____

_____

_____

_____

_____

_____

_____

_____

_____

_____

_____

_____

Date _____

Heure de départ _____

Heure d'arrivée _____

De _____

_____

_____

À _____

_____

_____

Température _____   Km au départ _____

Coût essence _____   Km à l'arrivée _____

Coût nuitée _____   Km parcourus _____

Notes

_____

_____

_____

_____

_____

_____

_____

_____

_____

_____

_____

_____

_____

_____

_____

_____

Guide SoloVR | *Destination Aventure Caravaning*

Les **Guides SoloVR** regroupent tous les itinéraires, renseignements touristiques, cartes et indications routières glanés par les chefs de caravane lors de certains circuits-caravanes de la FQCC.

Chacun des *Guides SoloVR Terre-Neuve, Alaska* ou *Ouest américain* apporte une aide simple et pratique au caravanier dans la préparation de son voyage. Chaque étape renferme les informations suivantes : terrains de camping, attractions, visites recommandées et surtout routes à suivre. Des cartes géographiques soutiennent le tout.

Un aller-retour
Montréal –
St. Anthony,
en 18 étapes

Du Québec à
l'Alaska, incluant
Vancouver, Victoria,
Banff et Jasper,
en 39 étapes

Un aller-retour
Montréal –
San Diego,
Californie en
41 étapes

Commandez votre **Guide SoloVR, l'outil essentiel pour un voyage en VR réussi,** à la Boutique FQCC dans le magazine *Camping Caravaning* ou sur notre site internet.

Fédération québécoise de
camping et de caravaning

1560, rue Eiffel, bureau 100, Boucherville (Québec) J4B 5Y1
T : 450 650-3722 et 1 877 650-3722
info@fqcc.ca • www.fqcc.ca/boutique